新伝記

平和をもたらした人びと 7

難《なん》民《みん》と途《と》上《じょう》国《こく》支《し》援《えん》に尽《つ》くした人生

緒《お》方《がた》貞《さだ》子《こ》

文／たけたに ちほみ

新伝記

平和をもたらした人びと7

緒方貞子《おがたさだこ》

もくじ

緒方貞子《おがたさだこ》って何をした人？

（1927 ～ 2019 年）

東京都《とうきょうと》生まれの国際政治《こくさいせいじ》学者。

聖心《せいしん》女子大学英文科卒業。結婚《けっこん》して子育てをしながら、国際《こくさい》基督《キリスト》教《きょう》大学、上智《じょうち》大学で講義《こうぎ》をする一方、1976年、日本人女性《じょせい》として初の国連公使となり、以降《いこう》、特命全権《ぜんけん》公使、国連人権《じんけん》委員会日本政府《せいふ》代表を務《つと》める。

1991年、日本人初の第8代国連難民《なんみん》高等弁務官《べんむかん》（UNHCR《ユーエヌエイチシーアール》）に就任《しゅうにん》し、世界の難民《なんみん》の救済《きゅうさい》と保護《ほご》に力を尽《つ》くした。

2003年からは、独立行政《どくりつぎょうせい》法人国際協力《こくさいきょうりょく》機構《きこう》（JICA《ジャイカ》）の初代理事長として開発途上国《とじょうこく》の支援《しえん》に尽《つ》くした。

緒《お》方《がだ》 貞《さだ》子《こ》

難民《なんみん》と途《と》上国《じょうこく》支援《しえん》に尽《つ》くした人生

文／たけたに ちほみ

序章《じょしょう》

二〇〇一年九月十一日、朝の八時。

もうすぐ七十四歳《さい》になる緒方貞子《おがたさだこ》は、ニューヨーク[*1]のマンハッタンに借りたアパートメントの四十階にいた。

「ああ、なんていいお天気なんでしょう。」

窓《まど》から見える空はどこまでも青く、さまざまな高層《こうそう》ビルが建ち並《なら》んでいる。この時間から人や車が増《ふ》え始め、昼間は多くの人びとが行き交《か》う。

国連難民《なんみん》高等弁務官《べんむかん》[*2]を退任《たいにん》し、激動《げきどう》の日々から解放《かいほう》されて、貞子《さだこ》は心からくつろいでいた。

---

*1 ニューヨークのマンハッタン…ニューヨークはアメリカ合衆国《がっしゅうこく》北東部の都市。マンハッタンはその中心街。

*2 国連難民《なんみん》高等弁務官《べんむかん》…難民《なんみん》問題を扱《あつか》う国連の機関の最上級担当者《たんとうしゃ》。国連とは、一九四五年に設立《せつりつ》された国際《こくさい》平和機関「国《こく》際連合《さいれんごう》」の略称《りゃくしょう》。難民《なんみん》とは、戦争や政治的《せいじてき》・宗教的《しゅうきょうてき》迫《はく》害《がい》などの危険《きけん》から逃《のが》れるため、住んでいたところを離《はな》れた人びとのこと。

*3 フォード財団《ざいだん》…アメリカ合衆国《がっしゅうこく》の自動車メーカー、フォード・モーターの創立者《そうりつしゃ》がつくった財団《ざいだん》。

（これからは、静かな生活になるわ。）

＊3フォード財団《ざいだん》がオフィスと研究助手を一人付けてくれたので、毎日そこへ通い、回顧録《かいころく》を書いている。研究者でもある貞子《さだこ》は、主観的な回顧録《かいころく》にはせず、なるべく客観的に当時の状況《じょうきょう》を分析《ぶんせき》して書き残そうとしていた。

しかし、まもなく事態《じたい》は一変した。

朝食をすませ新聞を読んでいると、窓《まど》から見える＊4世界貿《ぼう》易《えき》センタービルの一棟《とう》から煙《けむり》が出ていることに気が付いた。火事かと思うと、すぐにもう一つの棟《とう》からも炎《ほのお》が出た。

驚《おどろ》いてテレビをつけると、

「えっ、まさか、そんなことが！」

＊5CNN《シーエヌエヌ》のニュースキャスターの解説《かいせつ》に、耳を疑《うたが》った。

乗っ取られた旅客機が、ビルに突入《とつにゅう》したというではないか。

「なんてひどいことを……。」

＊4 世界貿易《ぼうえき》センタービル…マンハッタンにあった二棟《とう》の高層《こうそう》ビル。当時世界で最も高いビルだった。

＊5 CNN《シーエヌエヌ》…アメリカ合衆《がっしゅう》国《こく》のケーブルテレビや衛《えい》星《せい》放送向けのニュースチャンネル。

貞子《さだこ》の顔が、苦しそうにゆがんだ。

目の前でまたたく間に、世界貿易《ぼうえき》センタービルが、倒壊《とうかい》していった。

[*1]アメリカ同時多発テロ事件《じけん》だ。

貞子《さだこ》は両手を、強くにぎりしめた。

悲しみと怒《いか》り、不安に恐怖《きょうふ》、すべての耐《た》えがたい気持ちがわき起こり、渦《うず》を巻《ま》いている。

この事件《じけん》を機に、世界がどのようなことになってしまうのか、想像《そうぞう》がつかない。大きな困難《こんなん》が待ち受けているのは確《たし》かだ。

難民《なんみん》高等弁務官《べんむかん》の任務《にんむ》についていたとき、仲間を失ったことがある。

あのときほど苦しく悲しかったことはない。

そんな思いを、このテロで多くの人が味わうのだ。

(みんな家族がいて、友人や仲間がいる。なのに……。)

＊1 アメリカ同時多発テロ事件《じけん》…旅客機4機がほぼ同時にハイジャックされ、標的に突入《とつにゅう》し、約三千人の犠牲者《ぎせいしゃ》が出た過去《かこ》最悪のテロ事件《じけん》。テロとは、「テロリズム」の略《りゃく》で、政治《せいじ》目的のために、暗殺《あんさつ》や建造物破壊《はかい》などによって、敵対者《てきたいしゃ》に恐怖《きょうふ》を感じさせ、自分の主義《しゅぎ》・主張《しゅちょう》を通そうとする思想や行動。

体力にはまだ自信があったが、ついさっきまで年齢《ねんれい》を思って、落ち着くことを考えていた。

「もう一度、全力で立ち向かわなければならない!」

貞子《さだこ》は目の前の悲惨《*2ひさん》な事件《じけん》を心にきざみ、あふれる怒《いか》りを原動力にし、自分をふるい立たせた。

今まで経験《けいけん》して得《え》てきたこと、たくわえた知識《ちしき》や志《こころざし》をともにする仲間たちが、きっと味方してくれる。

あらゆるものを総動員《*3そうどういん》して、戦わなければ解決《かいけつ》できない、いや、それでも解決《かいけつ》できないかもしれない。

(でも、なんとしてもやらなければ!)

このの ち、貞子《さだこ》は国際政治《こくさいせいじ》の現場《げんば》へ呼《よ》びもどされ、難民援助《なんみんえんじょ》の現場《げんば》から復興支援《*4ふっこうしえん》の現場《げんば》へと、一直線に進むことになったのである。

＊2 悲惨《ひさん》…見ていられないほど痛ましいこと、そのさま。

＊3 総動員《そうどういん》…ある目的のために全員を集めて、ことに当たること。

＊4 復興《ふっこう》…いったん衰《おとろ》えたものが、再び盛んになること。以前より町を安全にしたり、産業を活発にしたりして、人びとの暮《く》らしをよりよくすること。復興《ふっこう》に対して、建物や道路などを元にもどすことを「復旧《ふっきゅう》」という。

第一章　新たなとびらを開けて

❖参議院議員市川房枝《いちかわふさえ》からの要請《ようせい》

世界を震《ふる》え上《あ》がらせた、アメリカの同時多発テロからさかのぼること三十三年前の、一九六八年七月末のことである。

四十歳《さい》の緒方貞子《おがたさだこ》は、家族とともに軽井沢《かるいざわ》[*1]にある、お気に入りの別荘《べっそう》で過《す》ごしていた。

ふだんは五歳《さい》と一歳《さい》の子どもをかかえ、国際基督教《こくさいキリストきょう》大学と聖《せい》心《しん》女子大学で非常勤講師《ひじょうきんこうし》[*2]をしている。

講義《こうぎ》の内容《ないよう》は、アヘン戦争[*3]から朝鮮《ちょうせん》戦争[*4]までの時期を対象《たいしょう》にした、日本外交史《がいこうし》と国際関係論《こくさいかんけいろん》だ。大学で教えるというのは、並大抵《なみたいてい》のことではない。家事を終え子どもを寝《ね》かせてから、本

＊1　軽井沢《かるいざわ》…長野県《ながのけん》にある高原避暑地《ひしょち》。

＊2　非常勤講師《ひじょうきんこうし》…受けもつ教科の指導《しどう》のみを担当《たんとう》する講師《こうし》で、授業《じゅぎょう》があるときだけ勤務《きんむ》する。

＊3　アヘン戦争…清《シン》（中国《ちゅうごく》）がアヘン密輸《みつゆ》の取り締《し》まりを強化したことをきっかけに、イギリスと清《シン》との間で起こった戦争（一八四〇～一八四二年）。

を読み、勉強する。

「ここへ来ると生き返るわ。昨日《きのう》までの忙《いそが》しさがうそのよう。」

大きく枝葉《えだは》を伸《の》ばした木々《きぎ》やかわいらしい道端《みちばた》の花々《はなばな》。それに、好きなテニスができる軽井沢《かるいざわ》での休暇《きゅうか》は、最高だった。

＊4　朝鮮《ちょうせん》戦争…一九五〇～一九五三年に起こった大《だい》韓民国《かんみんこく》（韓国《かんこく》）と朝鮮民《ちょうせんみん》主主義人民共和国《しゅしゅぎじんみんきょうわこく》（北朝《きたちょう》鮮《せん》）の、朝鮮《ちょうせん》半島の主権《しゅけん》をめぐる戦争。

そこへいきなり一人の女性《じょせい》が、訪《たず》ねて来たのである。

参議院議員の＊1市川房枝《いちかわふさえ》だ。

客間に案内すると、房枝《ふさえ》は静かに腰《こし》を下ろした。

（いったい何のご用件《ようけん》でしょう。市川《いちかわ》先生とは今までお会いしたことはないし、＊2婦人《ふじん》運動に関わったこともないけれど。）

貞子《さだこ》はまったく見当がつかず、心の中で首をかしげていた。

このとき房枝《ふさえ》は、七十代半《なか》ば。少しウエーブのある白髪《はくはつ》は経《けい》験《けん》の豊《ゆた》かさを感じさせ、黒っぽい眼鏡《めがね》は知的な雰囲気《ふんいき》をかもし出していた。＊3大正《たいしょう》時代にアメリカへ一人で渡《わた》り、働きながら学んだ経験《けいけん》を持つ努力家だ。長年婦人《ふじん》の地位向上のために活動している。議員としての自信が、やせた体からそこはかとなく感じられた。

房枝《ふさえ》は貞子《さだこ》が向かいのソファーに座《すわ》り、自分に注意を向けたのを確認《かくにん》すると、おもむろに口を開いた。

＊1 市川房枝《いちかわふさえ》…大正《たいしょう》・昭和《しょうわ》時代の婦人《ふじん》運動家、政治《せいじ》家《か》（一八九三〜一九八一年）。女性《じょせい》の参政権獲得《さんせいけんかくとく》などに力を尽《つ》くした。

＊2 婦人《ふじん》運動…女性《じょせい》の権利《けんり》と地位の向上をめざす運動。

＊3 大正《たいしょう》時代…一九一二年から一九二六年までのこと。

「*4単刀直入《たんとうちょくにゅう》に申《もう》し上《あ》げます。国連の*5総会《そうかい》に、代表団《だいひょうだん》の一人として参加してほしいのです。」

「えっ、国連ですか？」

仰天《ぎょうてん》した。まるで天から降《ふ》ってきたような話ではないか。

貞子《さだこ》は外交官の父を持つ長女として生まれ、幼少期《ようしょうき》をアメリカ、中国《ちゅうごく》などで過《す》ごした。さらに二度にわたるアメリカ留学《りゅうがく》の経験《けいけん》があるため、英語は母国語同然だ。

実は房枝《ふさえ》は、大学での貞子《さだこ》の評判《ひょうばん》などを*6綿密《めんみつ》に調査《ちょうさ》し、並々《なみなみ》ならぬ決意を持って、来ていたのである。

「今年は、なかなか女性《じょせい》の候補《こうほ》が見つからなかったのですが、緒方《おがた》さんを*7推薦《すいせん》してくださる方があり、ぜひ国連の総会《そうかい》に参加していただきたいのです。いかがでしょうか。」

房枝《ふさえ》はじっと貞子《さだこ》を見つめ、なんとしても受けてもらおうとしている。

*4　単刀直入《たんとうちょくにゅう》…前置きなしに、いきなり本題に入ること。

*5　総会《そうかい》…国連の主要な審《しん》議《ぎ》機関で、政策《せいさく》を決定するなど、国連を代表する機関。総会《そうかい》はすべての加《か》盟国《めいこく》の代表から構成《こうせい》され、各国はそれぞれ一票の投《とう》票権《ひょうけん》を持つ。

*6　綿密《めんみつ》…詳しく、細かなこと。手抜かりがないこと。

*7　推薦《すいせん》…すぐれた人物や事柄《ことがら》として、ある地位につけるようにすすめること。

日本は、一九五六年に国連に加盟《かめい》した。その翌年《よくねん》から四、五十人による代表団《だいひょうだん》が、総会《そうかい》に出席している。

房枝《ふさえ》の熱心な働きかけで、代表団《だいひょうだん》には最初から女性《じょせい》を一人参加させることになっていた。これまでも女子大の学長、憲法《けんぽう》学者、弁護士《べんごし》など、各界で活躍《かつやく》している女性《じょせい》が選ばれ参加していた。総会《そうかい》は毎年ニューヨークで開かれ、世界中から代表が集まって、さまざまな議論《ぎろん》が交《か》わされる。

「なるほど。そういうことですか。」

貞子《さだこ》は、房枝《ふさえ》の説明をじっと聞きながら思っていた。

（でも……。下の子は、まだ一歳《さい》。無理よ。）

子どもたちを置いてニューヨークにいくなんて、考えられない。家の中は、毎日大騒《おおさわ》ぎなのだ。

半分は断《ことわ》ろうと思ったとき、ふっとあることを思い出した。

（あれは、アメリカのカリフォルニア大学バークレー校に留学《りゅうがく》し

＊1 社会党《しゃかいとう》…当時日本に存《そん》在《ざい》していた政党《せいとう》。不平等や貧困《ひんこん》の原因《げんいん》は財産《ざいさん》の私《し》有《ゆう》であるとし、土地・原料・機械などの生産手段《しゅだん》の私《し》有《ゆう》をやめ（制限《せいげん》し）て、平等な社会を実現《じつげん》しようとする「社会主義《しゅぎ》」をめざした。

＊2 事務総長《じむそうちょう》…国際連合《こくさいれんごう》（国連）の首席行政官《ぎょうせいかん》。

ていたときだったわ。）

*1社会党《しゃかいとう》の女性《じょせい》参議院議員の通訳《つうやく》として アメリカの各地をまわったことがあった。 そのとき、議員がアメリカの女性《じょせい》の国連代表と会食をするというので、国連へ同行した。

（あのときは、ハマーショルド*2事務総長《じむそうちょう》のお姿《すがた》を見て、感激《かんげき》したわ。）

世界中の人たちが、国連に対して尊敬《そんけい》の念を抱《いだ》いていた。貞子《さだこ》も国連に対し、どのような人がどのような仕事をしているのか、深い興味《きょうみ》を持っていた。

その国連の総会《そうかい》に参加できるチャンスがやってきた。

好奇心旺盛《こうきしんおうせい》で行動的な貞子《さだこ》。心の奥底《おくそこ》に国連という世界中の人たちが集まる会議を、見たくてたまらない気持ちがあるのはまちがいなかった。

それに国連という国際政治《こくさいせいじ》の*1中枢《ちゅうすう》へ行けば、外交史《がいこうし》を専門《せんもん》にしている自分にとって、どれだけ勉強になるか。

でも、夫も子どももいる。自分一人では決められない。

「少し考えさせていただいてもよろしいですか？」

「ええ、もちろんです。でも、どうぞよいお返事を。」

房枝《ふさえ》はしっかりと貞子《さだこ》の手をにぎり、帰っていった。

貞子《さだこ》の大学時代の恩師《おんし》にマザー・ブリットという人がいた。その教えの一つに、「提案が上がってきたら、みんなで議論する。その中で物事を決めていかなければならない。そのためにはみんなの意見をよく聞かなければならない」というものがあった。

貞子《さだこ》はこのことを家族に話してみることにした。

---

*1 中枢《ちゅうすう》…中心となる大切なところ。重要な部分。

「誰《だれ》か子どものめんどうを見る人でも来てくれないと無理ね。」

と、母は言ったが、父は、

「ああでもないこうでもないと可能性《かのうせい》を論《ろん》じているより、まず出席すると決めて、それから人を探《さが》しなさい。方法論《ほうほうろん》*2を考えなさい。みんなでやればなんとかなるから、行ったらいい。」

と、言ってくれたのである。外交官*3だった父は、国のことや女性《じょせい》の地位のことなども、考えていたのである。

いつも貞子《さだこ》をサポートしてくれる夫、緒方四十郎《おがたしじゅうろう》も、

「ぜひ行くべきだ。」

と、賛成《さんせい》してくれた。

緒方四十郎《おがたしじゅうろう》は、一九二七年に緒方竹虎《おがたたけとら》という政治家《せいじか》の三男として生まれた。東京《とうきょう》大学法学部を卒業後、アメリカへ留学《りゅうがく》。*4日《にち》銀《ぎん》の理事を務《つと》めた。話し好きでユーモアのセンスにたけていて、貞子《さだこ》のよき相談相手だった。

*2 方法論《ほうほうろん》…やり方に関する理論《りろん》や議論《ぎろん》。

*3 外交官…外国の大使館や総領事館《そうりょうじかん》などで、外国との交渉《こうしょう》などの仕事をする人。

*4 日銀《にちぎん》…日本銀行《にっぽんぎんこう》のこと。

二〇一四年に八十六歳《さい》で永眠《えいみん》。貞子《さだこ》は「夫には感謝《かんしゃ》してもしきれません」と語っている。

そんな家族に背中《せなか》を押《お》され、貞子《さだこ》は国連の第二十三回総会《そうかい》への出席を決めた。

❖初めての国連総会《そうかい》出席

ニューヨークへ出発する前に外務省《がいむしょう》[*1]から多少の説明を受け、資料《しりょう》ももらったが、

「なんだかさっぱりわからない……。」

と、貞子《さだこ》はしぶい顔をした。それまで、国連のことを学んだことは一度もなかったのだから、仕方がない。

でも、どこか楽天的なところがあったので、

「まあ、とりあえずやってみましょう。」

と、新しい世界に飛びこむことをあまり心配せず、どちらかというとわくわくしていた。

アメリカ合衆国《がっしゅうこく》のニューヨークにある国連本部。(写真：ピクスタ)

一九六八年九月。

ニューヨークに着くと初めのうちは、小さい子どもを見るたびに、

（どうしているかしら。）

と、日本に残してきた子どもたちを思い出し、涙《なみだ》ぐんだりして、落ち着かなかった。

しかし、国連で世界中の人たちと会うと、貞子《さだこ》は次第に夢中《むちゅう》になっていった。特によく知らなかった、アフリカの人たちには興味《きょうみ》がわいた。

（オートボルタ[*2]《現在《げんざい》のブルキナファソ》って、どこの国なの？　アフリカの国のようだけど、あの代表、若《わか》いのに英語が上手ね。）

毎日が勉強で、新鮮《しんせん》だった。

＊1　外務省《がいむしょう》…外交の事務《じむ》を担当《たんとう》する国の行政《ぎょうせい》機関。

＊2　オートボルタ…西アフリカの国。１９８４年にブルキナファソに国名が変更《へんこう》された。

日を重ねるにつれ、いろいろな国の人と知り合いになるのは、とても重要だということがわかってきた。そこで、自分からコーヒーを飲みに誘《さそ》ったり、食堂《しょくどう》でいっしょに食事をしたり。知り合いが増《ふ》えれば増《ふ》えるほど、あの国はどのように問題をとらえ、どのように投票しようとしているか、多様な情報《じょうほう》を得《え》ることができた。

（今まで聞いたこともなかった国がたくさんあって、いろんな人がいる。）

貞子《さだこ》は個性的《こせいてき》で楽しい人たちに魅力《みりょく》を感じ、出発前には考えていなかった喜《よろこ》びを発見したのだった。

総会《そうかい》の会議は、大きな会議場で行われる。会議場では、アルファベット順に座席《ざせき》が決められている。

（日本（Japan）は、イスラエル（Israel）とヨルダン（Jordan）の間ね。緊張《きんちょう》する。けんかなんかしないでしょうね。）

この二つの国は、激《はげ》しく対立していた。

会議ではおおぜいの国の代表が、さまざまな問題について議《ぎ》論《ろん》する。前もって、発言の順番を申し込《こ》むことになっていた。活発に議論《ぎろん》が交《か》わされ、最後に手をあげて発言してもよかった。

最初のうちは手をあげての発言ができなかったが、慣《な》れてくると、むしろ、発言したくてうずうずした。会議が終わってから、

（あそこでああ言えばよかった。というより、ああ言うべきだった。）

などと反省し、だんだんチャンスをとらえて適切《てきせつ》に発言することができるようになっていった。

総会《そうかい》には、議題《ぎだい》のテーマごとにいくつもの委員会がある。

*1軍縮《ぐんしゅく》は第一委員会、経済《けいざい》は第二委員会、社会・*2人権《じんけん》・文化問題は第三委員会、*3植民地《しょくみんち》問題は第四委員会、*4行財政《ぎょうざいせい》問題は第五委員会、法律《ほうりつ》関係は第六委員会、ほかに特別委員会がある。

＊1 軍縮《ぐんしゅく》…「軍備縮小《ぐんびしゅくしょう》」の略《りゃく》で、一般的《いっぱんてき》には、国際《こくさい》的《てき》な合意のもとで特定の軍備《ぐんび》の縮小《しゅくしょう》または兵器《へいき》の削減《さくげん》を行うこと。さらには、それらをなくすことも意味する。

＊2 人権《じんけん》…人間が生まれながらに持ち、人間生活を営《いとな》む上での基礎《きそ》となる権利《けんり》。

＊3 植民地《しょくみんち》…政治的《せいじてき》・経済《けいざい》的《てき》に他国に支配《しはい》され、国家の主権《しゅけん》を持たない地域《ちいき》。

＊4 行財政《ぎょうざいせい》…国や地方公共団体《だんたい》の行政《ぎょうせい》と財政《ざいせい》をまとめた総称《そうしょう》。

貞子《さだこ》は、第三委員会を担当《たんとう》し、さらに*1国連平和維持《いじ》活動特別委員会にも出席した。

委員会に出席するためには、内容《ないよう》をくわしく理解《りかい》しておかなければならない。問題の内容《ないよう》とその問題点については、日本の外務省《がいむしょう》から渡《わた》された、「日本はこのような立場をとっている」と、書いてある資料《しりょう》を読み込《こ》み勉強した。

毎朝、委員会の打ち合わせがあり、そのあと、会議に出て投票し、帰りにまた報告《ほうこく》と打ち合わせのために集まった。

（ああ、もうこんな時間。さすがに疲《つか》れたわね。）

夜中まで長引くこともあり、多忙《たぼう》な毎日だった。

このように世界中の代表が真剣《しんけん》に話し合うのだが、なかでも貞子《さだこ》にとって印象深《いんしょうぶか》かった議題がある。

それは、ポーランドが提案《ていあん》した、「*2戦犯《せんぱん》や*3人道《じんどう》に対する罪《つみ》の*4時《じ》効《こう》を廃止《はいし》する」という規約《きやく》についてだ。

---

*1 国連平和維持《いじ》活動特別委員会…国連の平和維持《いじ》活動（PKO《ピーケーオー》）の諸問題《しょもんだい》を財政難《ざいせいなん》の解決《かいけつ》方法もふくめて研究することを目的として設置《せっち》された委員会。

*2 戦犯《せんぱん》…「戦争犯罪人《はんざいにん》」の略《りゃく》で、戦争を起こしたり、人道に外れた戦争行《こう》為《い》をしたりして罪《つみ》に問われた人のこと。

*3 人道《じんどう》…人として守り、行うべき道のこと。

*4 時効《じこう》…決まった期間が過《す》ぎると、法律的《ほうりつてき》に罪《つみ》に問うことができなくなってしまうこと。

このとき、ソ連《れん》*1（現在《げんざい》のロシア）や東ヨーロッパの国々《くにぐに》は、ドイツへの警戒心《けいかいしん》を捨《す》てていなかった。再《ふたた》び、ドイツが*2攻《せ》め入《い》ってくるのではないかと恐《おそ》れていたのである。

（日本にいると、こういう恐怖《きょうふ》は感じないから、どんな対応をしたらいいか、よく考えなければいけない。）

貞子《さだこ》はこの提案《ていあん》に関して、ほかの国の考えにも耳をかたむけた。

サウジアラビアのとても個性的《こせいてき》でよくしゃべることで有名な代表は、はっきりとこう主張《しゅちょう》した。

「戦犯《せんぱん》や人道犯《じんどうはん》を裁《さば》く法廷《ほうてい》が『勝者の裁《さば》き』になってはならない。勝者、敗者の区別なく第三者*3による公正な裁判《さいばん》にならなくてはならない。」

つまり、戦争が終結したあと、勝ったとされる国の人間が、負けた国の、戦争を起こした戦犯《せんぱん》と呼《よ》ばれる人たちを、裁判《さいばん》にかけてはいけないというものだ。

---

*1 ソ連《れん》…「ソヴィエト社《しゃ》会主義《かいしゅぎ》共和《きょうわ》国連邦《こくれんぽう》」の略《りゃく》。一九二二年に成立した、世界最初の社会主義国《しゅぎこく》。一九九一年に解体《かいたい》した。「ソヴィエト連邦《れんぽう》」ともいう。

*2 ドイツが攻《せ》め入《い》ってくる…一九三九年、ドイツはポーランドへ侵攻《しんこう》し、これをきっかけに第二次《だいにじ》世界大戦《せかいたいせん》（92ページ脚注《きゃくちゅう》参照《さんしょう》）が起こった。

*3 第三者…特定の事柄《ことがら》や行為《こうい》に直接関係していない人のこと。

これは、戦争は勝っても負けても、おたがいに恨《うら》んでいるのはまちがいない。それなのに、勝った国が負けた国が悪いと責《せ》め立《た》てることが許《ゆる》されてはいけない。まったく関係のない、どちらにも味方をしない別の国が、正しく裁判《さいばん》を行わなくてはならないということだった。

貞子《さだこ》は、サウジアラビアの代表と同じ考えだった。そこで、

「東京裁判《とうきょうさいばん》[*4]のパル判事《はんじ》[*5]の判決文《はんけつぶん》には、このようなことが書かれています。」

と、例を出して発言した。でも、

（東京裁判《とうきょうさいばん》を批判《ひはん》して、日本の戦犯《せんぱん》を擁護《ようご》[*6]しているように受け取られてはいけない。）

発言には細心[*7]の注意をはらった。

ほかにも、民族的なことや宗教的《しゅうきょうてき》なことなど、根深い対立をふくんだ議題もあり、貞子《さだこ》は勉強し考え討論《とうろん》をし、目が回るよ

＊4　東京裁判《とうきょうさいばん》…第二次世界《だいにじせかい》大戦《たいせん》（92ページ脚注参照《きゃくちゅうさんしょう》）後、日本の重大な戦争犯《はん》罪人《ざいにん》に対して行われた裁《さい》判《ばん》。東京《とうきょう》、横浜《よこはま》で行われた。極東国際《きょくとうこくさい》軍事裁判《さいばん》の通称《つうしょう》。

＊5　判事《はんじ》…裁判《さいばん》で被告《ひこく》の罪《つみ》のあるなしを決める人。

＊6　擁護《ようご》…侵害《しんがい》、危険《きけん》などからかばい、守ること。

＊7　細心…注意深く、細かいところまで心をくばること。

うに忙《いそが》しい月日を過《す》ごした。

帰りの飛行機のなかで、疲《つか》れをいやしながら、

（きっと、いろいろ聞きたがるでしょうね。）

夫に何から話そうか、夫はどんな意見を言うだろうか、と、想像《そうぞう》をふくらませた。それに何より、もうすぐ子どもたちに会えると思うと、うれしくてたまらなかった。

❖三回の国連総会《そうかい》に出席

翌年《よくねん》、貞子《さだこ》は子育てが忙《いそが》しいという理由で総会《そうかい》には参加しなかったが、その翌年《よくねん》の一九七〇年、第二十五回の国連総会《そうかい》に出席した。

この年は、とても難《むずか》しい議題があった。人権《じんけん》高等弁務官《べんむかん》を置くことについてだった。

これはどこかの国で、「人権《じんけん》を脅《おびや》かしているのではないか」という問題が起きたとしても、その国がよいと言わなければ、調《ちょう》

査《さ》に入ることができない。そこを強い権限《けんげん》をもって調査《ちょうさ》できる、「人権高等弁務官《じんけんこうとうべんむかん》」という機関をつくろうというものだ。

貞子《さだこ》はこの議題《ぎだい》に関して、疑問《ぎもん》を持っていた。

(もしそんな強い機関をつくったら、やられたらやり返すというような、あばき合いの場所になってしまうのではないか。人権《じんけん》というのは、現実《げんじつ》には、各国それぞれの国民の扱《あつか》いや待遇《たいぐう》の問題だから、ほかの国から問題にされたら、すぐに政治化《せいじか》してしまう。)

それよりも、現実《げんじつ》にしいたげられている人たちの状況《じょうきょう》が少しでも改善《かいぜん》できるようにすることが大切なのだと、貞子《さだこ》は考えた。

(そのためには、静かな外交しかないのではないか。)

この問題はこのとき解決《かいけつ》されず、討論《とうろん》が繰《く》り返《かえ》され、結局一九九〇年代に入ってから人権《じんけん》高等弁務官《べんむかん》は正式に設置《せっち》された。

こののち、貞子《さだこ》が三回目に総会《そうかい》に出席したのは、一九七五年の第三十回だった。

このとき貞子《さだこ》は四十八歳《さい》。子ども二人と夫とともにニューヨークで暮《く》らしていた。日銀《にちぎん》に勤務《きんむ》している夫の四十郎《しじゅうろう》が、ニューヨークへ転勤《てんきん》になったからだ。

貞子《さだこ》たちは、日銀《にちぎん》が用意したアパートメント[*1]に住んでいた。このアパートメントは、国連から北へ約二百メートルの所にあり、毎朝歩いて通い、子どもは国連学校[*2]に通わせた。

＊1 アパートメント…賃貸《ちんたい》の集合住宅のこと。一つの建物を仕切って、それぞれ独立《どくりつ》した住居《じゅうきょ》にしたもの。
＊2 国連学校…国連国際《こくさい》学校のこと。国連本部に勤務《きんむ》する人たちが設立《せつりつ》したインターナショナル・スクール。

国連（国際《こく》《さい》連《れん》合《ごう》・UN《ユーエヌ》）

国連（国際連合《こくさいれんごう》・UN《ユーエヌ》）は、世界の平和と経済《けいざい》・社会の発展《はってん》を目的としてつくられた国際機関《こくさいきかん》です。

国際《こくさい》問題を話し合いで解決《かいけつ》する機関

国際連合《こくさいれんごう》は、第二次世界大戦《だいにじせかいたいせん》を防《ふせ》げなかった反省をふまえて、国際《こくさい》問題を話し合いで解決《かいけつ》することを目的として、1945年10月に51か国の加盟国《かめいこく》で設立《せつりつ》されました。現在《げんざい》の加盟国《かめいこく》数は193か国です（2023年現在《げんざい》）。

世界の大陸の周囲《しゅうい》に平和の象徴《しょうちょう》であるオリーブの枝《えだ》を図案化した国連のマーク。

（写真：ピクスタ）

国際連合《こくさいれんごう》の主要機関

総会《そうかい》	すべての加盟国《かめいこく》で構成《こうせい》される国連の主要な審議機関。
安全保障理事会《あんぜんほしょうりじかい》	平和と安全を維持《いじ》することに主要な責任《せきにん》を持つ機関。
経済社会理事会《けいざいしゃかいりじかい》	経済《けいざい》・社会に関連するあらゆる問題を扱《あつか》う機関。
事務局《じむきょく》	国連の各機関の事務《じむ》を行う機関。
国際司法裁判所《こくさいしほうさいばんしょ》	国際法《こくさいほう》に基づいて国同士《どうし》の問題を裁判《さいばん》で解決《かいけつ》する機関。
信託統治理事会《しんたくとうちりじかい》	信託統治地域《しんたくとうちちいき》（以前の植民地《しょくみんち》など）に住む人びとの社会的前進を監督《かんとく》するために設置《せっち》された機関。

第二章 国連公使として

❖日本で初の女性《じょせい》国連公使として

一九七五年十二月、四十八歳《さい》の貞子《さだこ》は、自身三回目の総会《そうかい》となる第三十回国連総会《そうかい》に出席したあと、一人東京《とうきょう》に帰り、国際《こくさい》基督教《キリストきょう》大学の教員宿舎《しゅくしゃ》で単身生活を始めた。

そんなころ、外務省《がいむしょう》からまたしても要請《ようせい》があった。

今度は公使として国連代表部に赴任《ふにん》してくれないかというのである。

実はこの年は[*1]「国際婦人年《こくさいふじんねん》」で、市川房枝《いちかわふさえ》が、外交官の上級[*2]ポストに女性《じょせい》を登用するよう働きかけたのだった。

貞子《さだこ》はこの要請《ようせい》を受け、翌年《よくねん》、[*3]国連日本政府《せいふ》代表部公使と

＊1 国際婦人年《こくさいふじんねん》…女性《じょせい》の地位向上をめざして、国連によって設《もう》けられた国際《こくさい》年《ねん》。一九七五年を国際婦《こくさいふ》人年《じんねん》とした。「国際女性年《こくさいじょせいねん》」ともいう。

＊2 ポスト…地位や役職《やくしょく》。

＊3 国連日本政府《せいふ》代表部公使…日本を代表して国連本部（ニューヨーク）に置かれた機関に駐在《ちゅうざい》する、大使に次ぐ立場の人。

なった。日本では第一号の女性《じょせい》国連公使だったので、外務省《がいむしょう》で記者会見が行われた。

「記者会見だなんて、大げさね。いったい何を着ていけばいいの……。」

さんざん悩《なや》んで、あまり堅苦《かたくる》しくならないように、藤色《ふじいろ》の細かい模様《もよう》の入ったワンピースに黒いハンドバッグを持った。

記者団《きしゃだん》に質問《しつもん》されると、

「国際婦人年《こくさいふじんねん》がこのような形で現《あらわ》れるとは夢《ゆめ》にも思いませんでした。女性《じょせい》へのリップサービス[*4]ではないと思います。」

と、堂々《どうどう》と受け答えをした。

『ニューヨーク・タイムズ』などアメリカの新聞では写真入りで報《ほう》じられた。その記事には、こんなことが書かれていた。

「オガタ・ナカムラ・サダコ[*5]氏は今、外交官である。しかも、これまでの外交官で女性《じょせい》の最高位の職務《しょくむ》である公使として、

＊4 リップサービス…雰囲《ふんい》気《き》を良くしたり、相手に気に入られる目的で、思ってもいないことを言うこと。

＊5 オガタ・ナカムラ・サダコ…中村《なかむら》は緒方貞子《おがたさだこ》の旧姓《きゅうせい》。

もしくは国連に送られた彼女《かのじょ》の国の三十人の特命大使のナンバー2として、四十八歳《さい》のオガタ氏は大きな世界会議で日本を代表するだけではなく、最近やっと自由化の意志《いし》を持ち始めた五百万人の日本女性《じょせい》にしっかり見られることになるであろう。日本の外務省《がいむしょう》は、ずっと伝統的《でんとうてき》な男性《だんせい》社会を反映《はんえい》してきた。日本の中央政府《せいふ》の管理職《かんりしょく》には、まだ十名の女性《じょせい》のポストしかない。(後略《こうりゃく》)」

これを読んだ貞子《さだこ》は、

(日本の婦人《ふじん》の地位がよほど低いと思っていたのね。)

と、冷静に分析《*1ぶんせき》した。貞子《さだこ》自身は、

「日本政府《せいふ》の代表として政府《せいふ》の立場を表明し、日本の利益《りえき》を守るのが私《わたし》の仕事。」

と、公使の仕事の重要性《じゅうようせい》を重く受け止めていた。

(女性《じょせい》であるということにとらわれず、いろいろなことに関わ

＊1 分析《ぶんせき》…複雑《ふくざつ》な事柄《ことがら》を一つ一つの要素や成分に分けて、その構成などを明らかにすること。

1976年２月16日。三木武夫《みきたけお》首相から女性《じょせい》として初めて国連公使に任命《にんめい》されたときの緒方貞子《おがたさだこ》。
（写真：毎日新聞社/アフロ）

りたい。日本という国に尽《つ》くすつもりでがんばるわ。）

貞子《さだこ》は決心した通り、公使としてさまざまな仕事をこなした。中でも実績《じっせき》を積み重ねたのが、国連の平和維持《いじ》活動特別委員会において、平和維持《いじ》活動（PKO《ピーケーオー》）に関することだった。

これは紛争《ふんそう》が起こっている地域《ちいき》へ、自分たちを守る程度《ていど》の武《ぶ》装《そう》をした平和維持《いじ》部隊を派遣《はけん》して、紛争《ふんそう》の悪化や再発《さいはつ》を食い止める活動だ。

ただこのPKO《ピーケーオー》は、国連憲章《けんしょう》[*1]にははっきりと明記されていなかったので、平和維持《いじ》活動特別委員会は、この不備《ふび》を法的に整《せい》備《び》しようとしていた。貞子《さだこ》はこの作業部会に、参加したのだった。

さらに八月からは、UNICEF《ユニセフ》[*2]（国連児童基金《ききん》）の執行《しっこう》理事会の役員にもなった。

この機関は、UNICEF《ユニセフ》の基本方針《きほんほうしん》や援助《えんじょ》計画、予算などを審議《しんぎ》し承認《しょうにん》するのが仕事である。

＊1 国連憲章《けんしょう》…国連の目的・精神《せいしん》・任務《にんむ》・組織《そしき》など、基本的《きほんてき》な事項《じこう》について定めた条約《じょうやく》。

＊2 UNICEF《ユニセフ》…開発途《と》上国《じょうこく》（36ページ脚注参照《きゃくちゅうさんしょう》）の幼児《ようじ》・児童・妊産婦《にんさんぷ》などに対して、人道援助《じんどうえんじょ》や開発援助《えんじょ》を行う国連の機関のこと。

（役員になったのはいいけれど、理事会に出ても何もわからない。）

それまで貞子《さだこ》は国際援助《こくさいえんじょ》事業に関わったことがない。それなのに、ＵＮＩＣＥＦ《ユニセフ》の行財政《ぎょうざいせい》委員会委員長、翌年《よくねん》は計画委員長、一九七八年には執行《しっこう》理事会議長に選出された。

このときすでに国連の[＊3]特命全権《ぜんけん》公使という重責《じゅうせき》を担《にな》っていた。さらに国連人権《じんけん》委員会日本政府《せいふ》代表にも就任《しゅうにん》した。

貞子《さだこ》は、ひそかに思った。

（日本をＵＮＩＣＥＦ《ユニセフ》にもっと[＊4]コミットさせ、[＊5]拠出金《きょしゅつきん》を増額《ぞうがく》させようとしている。各国の[＊6]魂胆《こんたん》はわかっているわ。）

確《たし》かに貞子《さだこ》が議長になったあと、日本の拠出額《きょしゅつがく》は大幅《おおはば》に増《ふ》え、各国のもくろみは実現《じつげん》した。

議長になった貞子《さだこ》は、ＵＮＩＣＥＦ《ユニセフ》の活動についてもっと深く理解《りかい》したかった。ニューヨークにいては現場《げんば》のことは何もわ

＊3　特命全権《ぜんけん》公使…外交使節で大使に次ぐ立場の人。

＊4　コミット…積極的に関わること。「コミットメント」の略《りゃく》。

＊5　拠出金《きょしゅつきん》…政策《せいさく》上の必要に応《おう》じて出し合うお金。

＊6　魂胆《こんたん》…心中でひそかに計略をめぐらすこと。心の中のたくらみ。

からない。それを知る手段《しゅだん》はただ一つ。

「とにかく自分で現地《げんち》へ行って、何をやっているのか、何に困《こま》っているのか、知る以外ないわね。」

そこで、UNICEF《ユニセフ》事務局長《じむきょくちょう》とともに現地視察《げんちしさつ》*1に行った。

タイ北東部にあるコーンケーン州では、給水《きゅうすい》事業、つまり井戸《いど》掘《ほ》りを見学した。

貞子《さだこ》は暑い現地《げんち》で働く職員《しょくいん》の話に、耳をかたむけた。

「なぜ井戸《いど》を掘《ほ》るかというと、赤ちゃんのための粉《こな》ミルクを配っているのですが、粉《こな》ミルクを飲むためには、きれいな飲み水が必要です。汚《よご》れた水で粉《こな》ミルクを溶《と》いたら、病気を広めてしまいます。だから、井戸《いど》を掘《ほ》ります。技師《ぎし》*2が、村の人たちの意見を聞きながら、使いやすい場所を定めて、掘《ほ》っていくのです。」

貞子《さだこ》は子育ての経験《けいけん》があったので、大きな衝撃《しょうげき》を受けた。

＊1 現地視察《げんちしさつ》…現場に直接出向いて、状況《じょうきょう》を調べること。

＊2 技師《ぎし》…機械、土木建築などの専門技術《ぎじゅつ》を持ち、職業とする人のこと。

（ああ、これが貧困《ひんこん》ということなのね。もし子育ての最中に水がなかったら、と思うと、ぞっとするわ。ミルクも飲ませられない。おむつも洗《あら》えない。井戸《いど》は絶対《ぜったい》に必要！）

実際《じっさい》に現場《げんば》で、赤ちゃんの体重をはかることもした。

しかしさらに大切なのは、井戸《いど》を掘《ほ》ることだけではなかった。井戸《いど》からいつもきれいな水が出るようにするには、維持《いじ》し管理していかなければならない。それは、村の人たちの仕事だった。井戸《いど》が完成すれば、ＵＮＩＣＥＦ《ユニセフ》の職員《しょういん》はいなくなる。そのためには、井戸《いど》を掘《ほ》るとき、村の人たちに最初から参加してもらい、技術指導《ぎじゅつしどう》や訓練《くんれん》を行わなければならない。

それに水は感染症《＊3かんせんしょう》と関係するので、医療《いりょう》や保健衛生《ほけんえいせい》の基礎《きそ》知識《しき》を伝えることも必要だった。母親たちには、基本的《きほんてき》な栄養や衛生《えいせい》の教育もした。

（単に井戸《いど》を掘《ほ》るだけではなく、飲料水を出発点に関係するさ

＊3　感染症《かんせんしょう》…細菌《さいきん》やウイルスなど病原微生物《びせいぶつ》の増殖《ぞうしょく》によって感染《かんせん》する病気。

まざまな問題に対応することも必要なのね。UNICEF《ユニセフ》は本当にすごい仕事をしている。）

一九七九年の春には、ベトナムへ行き、保健衛生《ほけんえいせい》や初等教育、福祉《ふくし》事業などを見学した。

「ここでは、トイレには、*1浄化槽《じょうかそう》が二つあります。一つを使い終わったら灰《はい》を入れてふさぎます。もう一つのほうを使っている間に、封《ふう》をしたほうでは肥《こ》やしができるのです。」

「なるほど、よく考えてある。」

貞子《さだこ》は、とても感心した。

（*2開発途《と》上国《じょうこく》でトイレを見るのは、かなり大事なことね。その国の*3衛生観《えいせいかん》や衛生状態《えいせいじょうたい》など、いろいろわかるもの。）

それに、ベトナムの薬草園やバングラデシュの重要なタンパク源《げん》になっているティラピア*4という魚の小さな養殖池《ようしょくいけ》など、開発には現地《げんち》の風土《ふうど》に合った知恵《ちえ》、工夫が重要なことを知った。

---

*1 浄化槽《じょうかそう》…家から出る汚《よご》れた水をきれいにするための装置《そうち》。

*2 開発途上国《とじょうこく》…経済的《けいざいてき》・社会的に発展《はってん》の途上《とじょう》にある国。「発展途上国《はってんとじょうこく》」ともいう。

*3 衛生観《えいせいかん》…衛生《えいせい》に対する考え方。

*4 ティラピア…カワスズメ科の淡水魚《たんすいぎょ》。東南アジアなどで養殖《ようしょく》され、よく食べられている。

（その土地に合った開発を見ると、発展《はってん》のプロセス[*1]がよくわかる。）

貞子《さだこ》はさまざまな視察《しさつ》を経験《けいけん》し、会議室で座《すわ》って会議をしているだけでは、理解《りかい》は深まらないことを実感した。ニューヨークにいたのでは、まったく知り得《え》なかった現場《げんば》の実情《じつじょう》を、初めて知ったのである。

（法的にだけではなくて、生活ごと保護《ほご》しなければいけないことがよくわかったわ。）

その結果、国連の仕事の持つ意味を、はっきりさせることができた。

（国連には、二つの顔がある。会議で話し合いをする顔が一つ。これはニューヨークやジュネーヴ[*2]が舞台《ぶたい》。もう一つは、現場《げんば》で事業をする顔。事業をする国連というのは、あまり知られていないかもしれないけど、非常《ひじょう》に大きい。その実践《じっせん》[*3]体験が

＊1 プロセス…過程《かてい》や経緯《けいい》。

＊2 ジュネーヴ…スイスの都市。国連の専門《せんもん》機関など多くの国際《こくさい》機関が本部を置いている。

＊3 実践《じっせん》…考えを実際《じっさい》に行うこと。

あるからこそ、討議《とうぎ》のときにニューヨークやジュネーヴの議《ぎ》論《ろん》にしっかり食い込《こ》める。両方食い込《こ》めて初めて国連のプロとなる。どちらかだけではダメだわ。）

数年後、「現場主義《げんばしゅぎ》」と言われるようになる、貞子《さだこ》の原点がここにあった。

現場主義《げんばしゅぎ》とは、戦争や災害《さいがい》で困《こま》っている人たちを実際《じっさい》に見て、何を必要としているか詳《くわ》しく聞き、判断《はんだん》することだ。

　こういった現場視察《げんばしさつ》をするなかで、ベトナムの視察《しさつ》を終えた数日後に、*4中越戦争《ちゅうえつ》が始まる、という危険《きけん》な体験があった。そのため、貞子《さだこ》はインドシナ情勢《じょうせい》が気になって仕方がなかった。

　一九七五年以降《いこう》、インドシナ三国（ベトナム、ラオス、カンボジア）が、*5社会主義化《しゅぎか》したため、この体制《たいせい》をきらう人びとが流出し、難民《なんみん》問題が深刻化《しんこくか》していた。*6ボートピープルが急速に増《ふ》えていたのである。

＊4　中越戦争《ちゅうえつ》…一九七九年に起こった中国《ちゅうごく》とベトナムの戦争。

＊5　社会主義《しゅぎ》…12ページ脚注《きゃくちゅう》「社会党《しゃかいとう》」参照《さんしょう》。

＊6　ボートピープル…紛争《ふんそう》のある国や地域《ちいき》から小さな船で難民《なんみん》となって脱出《だっしゅつ》する人びと。日本では特にインドシナの難民《なんみん》のことをボートピープルと呼《よ》んだことがある。

（何かできることはないかしら。）
貞子《さだこ》は、心を痛《いた》めていた。

❖難民救済《なんみんきゅうさい》の最前線へ飛び出す！

一九七九年、貞子《さだこ》は三年半にわたる公使の仕事を終え、日本に帰国した。

「どこか日本的なところへ行きたいわね。」

久しぶりに休みを家族と過《す》ごしたくなり、奈良《なら》へ旅行に出かけた。そこへ、外務省《がいむしょう》から連絡《れんらく》が入った。

政府《せいふ》がカンボジア難民救済実情視察団《なんみんきゅうさいじつじょうしさつだん》を送るという。その視《し》察団《さつだん》の団長《だんちょう》になってタイへ視察《しさつ》に行ってほしいとのことだった。

このとき共産主義《しゅぎ》*1の過激《かげき》なポル・ポト*2政権《せいけん》から逃《のが》れてきた多くのカンボジア難民《なんみん》が、タイへ流入していた。

貞子《さだこ》は、迷《まよ》わず答えた。

「はい、お受けします。難民《なんみん》のために何かしたいと思っていましたから。」

すぐにバタバタと準備《じゅんび》を始めた。

---

*1 共産主義《しゅぎ》…私有財産《しゆうざいさん》を否定《ひてい》し、生産手段《しゅだん》も利益《りえき》も皆《みな》で共有しようという考え。

*2 ポル・ポト政権《せいけん》…カンボジアのポル・ポトを指《し》導者《どうしゃ》とした政権《せいけん》（一九七五～一九七九年）。過激《かげき》な政《せい》策《さく》を実施《じっし》した。

視察団《しさつだん》は貞子《さだこ》が団長《だんちょう》で、外務省《がいむしょう》や*1国際《こくさい》協力事業団《じぎょうだん》、日本赤十《せきじゅう》字社《じしゃ》などからメンバーが集められていた。

この視察《しさつ》はカンボジア難民《なんみん》に対し、すぐに実施《じっし》できることを提案《ていあん》するために行われた。

十一月、視察団《しさつだん》はタイへ飛んだ。

タイではまず首相を訪問《ほうもん》し、話を聞いた。

すると人道上、カンボジア難民《なんみん》を受け入れるが、タイの負担《ふたん》も大きいので支援《しえん》が必要と、訴《うった》えられた。

(これは、もしかしたら*2難民《なんみん》キャンプはすごいことになっているのかもしれない。)

貞子《さだこ》はこのあと行くキャンプの様子を想像《そうぞう》し、怖《こわ》くなった。

難民《なんみん》キャンプへは、タイ政府《せいふ》が用意してくれた軍用機で向かった。目的地はサケオという地域《ちいき》の難民《なんみん》キャンプや国境《こっきょう》付近の難《なん》民《みん》が集まっている地域《ちいき》だ。

＊1 国際《こくさい》協力事業団《じぎょうだん》…120ページ本文参照《さんしょう》。JICA《ジャイカ》の前身。

＊2 難民《なんみん》キャンプ…難民《なんみん》が発生した場合に、難民《なんみん》受け入れ国の要請《ようせい》に応じて支援団体《しえんだんたい》が設置《せっち》する、難《なん》民《みん》のための滞在施設《たいざいしせつ》。

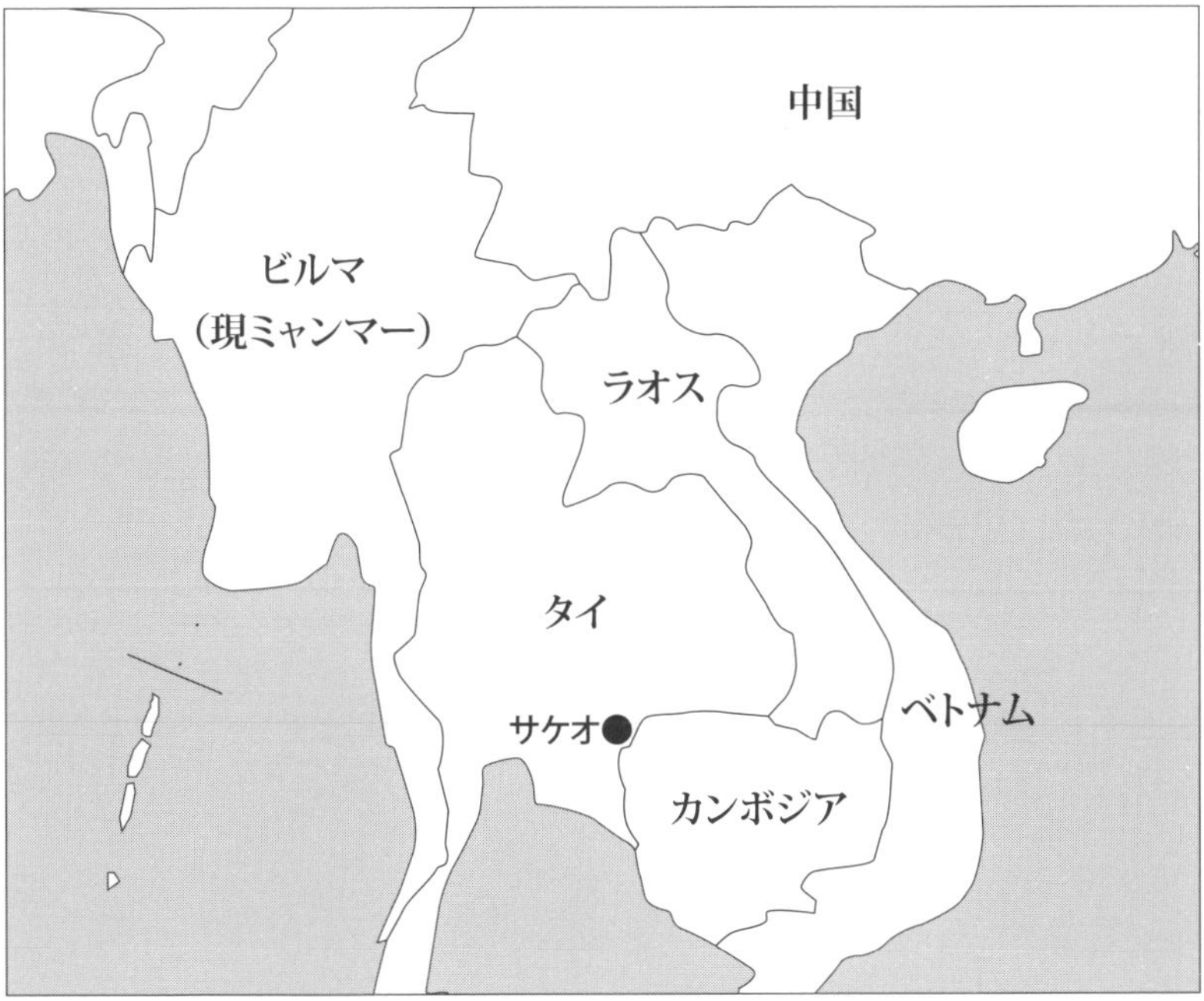

1979年ごろのタイ周辺地図。

到着《とうちゃく》するなり[*1]、驚《おどろ》いた。不安が的中した。

「こんなに人が集まっている状況《じょうきょう》は、見たことがない！　それに、みんな、ひどい状態《じょうたい》だわ。」

「想像《そうぞう》した以上ですね。栄養失調や病気の難民《なんみん》ばかりだ！」

視察団《しさつだん》全員、難民《なんみん》の様子にことばを失った。

水や食料《しょくりょう》に医療品《いりょうひん》、着るものなど、何もかも足りていない。ほぼ飢餓《きが》[*2]状態《じょうたい》だった。

（まずは難民《なんみん》たちの思いを知ることが大切。）

貞子《さだこ》はどんどん難民《なんみん》たちの中に入り、直接《ちょくせつ》話を聞いた。

何が必要か、何に困《こま》っているのか。どうしてほしいのか。細かく情報《じょうほう》を収集《しゅうしゅう》した。

そうやってキャンプを視察《しさつ》しているうちに、目についたことがあった。

（ずいぶんたくさんの若《わか》い欧米人《おうべいじん》の男女が、救援《きゅうえん》活動をしてい

---

*1 なり…するとすぐに。

*2 飢餓《きが》…長期間にわたり十分に食べられず、栄養不足となり、健康が保てなくなっている状態《じょうたい》。

タイにあるカンボジア難民《なんみん》キャンプを訪《おとず》れ、難民《なんみん》の子どもの横で運営者《うんえいしゃ》らの話を聞くカンボジア難《なん》民救済実情《みんきゅうさいじつじょう》視《し》察団《さつだん》の緒《お》方《がた》貞《さだ》子《こ》団長《だんちょう》（右）。（写真：毎日新聞社/アフロ）

る。)

医師《いし》に看護師《かんごし》、キャンプの管理者。食料《しょくりょう》の配給[*1]や子どもたちの世話を担当《たんとう》する人。

(みんな飾《かざ》らず気どらず、自信を持って仕事をしている。)

国籍《こくせき》はわからないが、多くの白人の男女が、カンボジア難民《なんみん》のなかで働いていた。ところが、

(日本人は、ほとんど見られない。でも『同じアジア人』とか『心と心のふれあい』など、日本は国として主張《しゅちょう》しているのだから、対アジア協力の姿勢《しせい》が、難民《なんみん》に向けられないはずはない。)

日本人の若者《わかもの》がいないことが、とても残念だった。

そこで貞子《さだこ》と団員《だんいん》たちは、ある決心をした。

「この惨状[*2]《さんじょう》が、日本に十分伝わっていないからだと思う。もしこの状況《じょうきょう》を知れば、日本人だってキャンプに飛《と》び込《こ》んで、身をもって難民救済《なんみんきゅうさい》にあたるにちがいないわ。」

*1 配給…数量が十分でない物資《ぶっし》を割《わ》り当《あ》て、配る制度《せいど》。

*2 惨状《さんじょう》…みじめな、あるいはむごたらしいありさま。

「はい。きっと気が付いてくれると思います。」

視察団《しさつだん》は毎日、カンボジア難民支援《なんみんしえん》について話し合った。すぐに実施《じっし》できる提案《ていあん》*3の大筋《おおすじ》がまとまったのは、帰りの飛行機の待合室でのことだった。

提案《ていあん》は医療《いりょう》チームの派遣《はけん》、医療基地《いりょうきち》の建設《けんせつ》、食料援助《えんじょ》だ。

これら支援《しえん》については、副団長《ふくだんちょう》をしていた外務省《がいむしょう》アジア局次長が、飛行場で記者たちに対して、宣言《せんげん》した。

「日本は、この支援《しえん》を必ずやります！」

これを聞いた貞子《さだこ》は、うれしくてたまらなかった。

（ああ言えば、日本として、やらないわけにはいかない。本当に副団長《ふくだんちょう》はどんどん仕事を進めるダイナミックな人だわ。）

でも一つ、心配があった。

（日本社会に難民救済《なんみんきゅうさい》の動きが出てくるか……。実際《じっさい》に現地《げんち》へ行ってくれる医療《いりょう》関係者が現《あらわ》れるかどうか。）

＊3　大筋《おおすじ》…物事の内容のだいたいのところ、基本的なところのこと。

ところがよい意味で、心配は裏切《うらぎ》られた。

帰国後にカンボジア難民《なんみん》の惨状《さんじょう》を伝えると、ひと月もたたずに、三つの医療《いりょう》チームがつくられたのだ。

そこへＵＮＩＣＥＦ《ユニセフ》の事務局長《じむきょくちょう》から毛布《もうふ》が足りない、ＵＮＩＣＥＦ《ユニセフ》だけではこれ以上手が回らないという情報《じょうほう》が入った。

毛布《もうふ》は、昼間は木に掛《か》けておくと日陰《ひかげ》をつくることができるので暑さをしのげる。夜はそれを使って眠《ねむ》れるので、難民救済《なんみんきゅうさい》の必需品《ひつじゅひん》である。

そこで貞子《さだこ》は、考えた。

「何かいい手は、ないかしら。なんとしてでも、一枚《まい》でも多く集めたい。」

インターネットなど、まだない時代である。知恵《ちえ》を絞《しぼ》った。

「そうだわ！　音楽会を開いてその会で集めましょう。」

「いいですね！　きっと協力してくれる音楽家がいます。多くの

＊１　のちに都庁《とちょう》が建った…　都庁《とちょう》は一九九一年に、東京都《とうきょうと》の千代田区《ちよだく》丸《まる》の内《うち》から、新宿区《しんじゅくく》西新宿《にししんじゅく》に移転《いてん》した。

人が、聞きに来てくれるのではないですか。」

たくさんの人たちに会の目的を知らせ、毛布《もうふ》を持って音楽会に来てほしいと伝えたのである。

すると多くの聴衆《ちょうしゅう》が集まった。音楽を聴《き》いている間はひざに毛布《もうふ》をかけておいて、終わるとその毛布《もうふ》を寄《き》付《ふ》したのである。

さらにのち[*1]に都庁《とちょう》が建った空き地にテントを張《は》り、集めた物資《ぶっし》の置き場をつくった。毛布《もうふ》は、どんどん集まった。

「なんて大量の毛布《もうふ》！　日本中がカ

ンボジア難民救済《なんみんきゅうさい》に燃《も》えている！」

貞子《さだこ》はうれしくて、にこにこしていた。

（こちらがうまい働きかけをすれば、物事はうまくいく。決める人がいたら、さっと動くんだわ。人びともそれに応えてくれる。困《こま》った人たちに対する温かい気持ちを持っているのがわかった。）

ただ、不満はあった。

「日本政府《せいふ》の難民《なんみん》受け入れが、消極的すぎる……。」

このとき難民《なんみん》の定住[*1]受け入れ枠《わく》は、たったの五百人だった。

でも、貞子《さだこ》は考えた。

（それまでゼロだったのだから五百人でも大きな進歩。だけど、あれには驚《おどろ》いた。非常識《ひじょうしき》にもほどがある。）

それは難民《なんみん》が法務省《ほうむしょう》[*2]へ難民申請《なんみんしんせい》に行くと、「卒業証書《しょうしょ》を持って来い」と、言われたことだった。

＊1 定住…一定の場所に住《じゅう》居《きょ》を構《かま》えて生活の拠点《きょてん》とすること。

＊2 法務省《ほうむしょう》…出入国管理など、法律《ほうりつ》上の事務《じむ》を総括《そうかつ》する国の行政《ぎょうせい》機関。

（難民《なんみん》が卒業証書《しょうしょ》を持って逃《に》げるなんて、ありえない。）

着《*3》の身着のままで、何とか逃《に》げ出した難民《なんみん》たち。大事なものさえ持ち出せていない。

このときはまだ、法務省《ほうむしょう》も杓子定規《*4しゃくしじょうぎ》だった。おそらく難民《なんみん》たちがどんな悲惨《ひさん》な現場《げんば》から逃《に》げてきたかわからず、他人事《ひとごと》として受け止めていたからにちがいなかった。

（もっと難民《なんみん》について、知ってもらいたい。それには、現場《げんば》を視《し》察《さつ》し、伝えなければならない。）

貞子《さだこ》の思考は、現場《げんば》を一番に考える「現場主義《げんばしゅぎ》」へと大きくかたむいた。

このカンボジア難民《なんみん》の救済援助《きゅうさいえんじょ》は、のちの仕事につながっていったのである。

＊3　着の身着のまま…今着ているもののほかに着るものがないこと。
＊4　杓子定規《しゃくしじょうぎ》…すべてのことを一つの基準《きじゅん》や規則《きそく》で物事を考えること。融通《ゆうずう》のきかないさま。

❖大学で教えながら国連へ

翌《よく》一九八〇年、五十三歳《さい》になった貞子《さだこ》は、上智《じょうち》大学外国語学部の教授《きょうじゅ》となり、一方では国連の仕事にも関わり続けていた。

一九八二年から一九八五年までは、国連人権《じんけん》委員会の日本政《せい》府《ふ》代表も務《つと》めた。春休みに、ジュネーヴの国連欧州《おうしゅう》本部に通い、人権《じんけん》委員会に出席したのである。

委員会は、議論《ぎろん》ばかりだった。それも「人権《じんけん》とはこうあるべき」という高い所から見た意見が多かった。

貞子《さだこ》はそんな会議が、あまり好きではなかった。

（皆《みな》さん、立派《りっぱ》なことをおっしゃるけど、本当にしなければいけないことをしていないのではないかしら。）

人権《じんけん》は大事だけれど、議論《ぎろん》ばかりではなく、現場《げんば》で生き延《の》びられるかどうかがかかっている人道《じんどう》的な仕事をしているほうが、大事なのでは、と思ったのである。

さらに一九八三年から一九八七年までは、国際人道《こくさいじんどう》問題独立《どくりつ》委員会の委員も務《つと》めた。人道《じんどう》問題や人権《じんけん》問題について、考え続けたのだった。

一九九〇年十月。

六十三歳《さい》になった貞子《さだこ》は、国連人権《じんけん》委員会の特別報告者《ほうこくしゃ》として、ミャンマー[*1]を訪《おとず》れた。

ミャンマー軍政府《せいふ》について、政治犯《せいじはん》への拷問《ごうもん》など人権侵害《じんけんしんがい》が指摘《してき》されていたので、その調査《ちょうさ》のためだった。

（人権《じんけん》の考え方について、ミャンマー政府《せいふ》と話し合いの道筋《みちすじ》を付けてくるのが、私《わたし》のミッション[*2]だわ。軍のリーダーと会って、『国連が考えている人権《じんけん》というものはどういうものなのか』という話をして、人権《じんけん》を尊重《そんちょう》してもらう糸口にしましょう。）

と、決めていた。

ミャンマーへ行くと、将軍《しょうぐん》が自分の飛行機を出して、遺跡《いせき》の

1990年ごろのミャンマー周辺地図。

＊1 ミャンマー…東南アジアの国。一九四八年から一九八九年までの国名はビルマ。
＊2 ミッション…使命、任務《にんむ》。

あるバガン[*1]へも案内してくれるなど、歓迎《かんげい》してくれた。同じアジア人の日本人が来たということで、軍も話しやすかったのか、話し合いはその後も続けられた。

　そんなミャンマーでの滞在《たいざい》中のことだ。たまたま聞いていたラジオの英語放送で、あるニュースを知った。

国連難民《なんみん》高等弁務官《べんむかん》が辞任《じにん》するというのだ。[*2]本国《ほんごく》のノルウェーで外務《がいむ》大臣に就任《しゅうにん》するためだった。

「就任《しゅうにん》して一年もたっていない。任期《にんき》を三年も残して、お辞《や》めになるのね。」

もちろん、このとき貞子《さだこ》は自分が後任《こうにん》になろうとは、夢《ゆめ》にも思っていなかった。

＊1 バガン…ミャンマー中央部の遺跡《いせき》。数千の仏塔《ぶっとう》が原野に林立し、アンコールワット（カンボジア）、ボロブドゥール（インドネシア）と並《なら》ぶ世界三大仏教遺跡《ぶっきょういせき》の一つ。

＊2 本国《ほんごく》…その人の生まれ育った国。

第三章

第八代国連難民《なんみん》高等弁務官《べんむかん》になる

❖初めての女性《じょせい》、しかも学者

貞子《さだこ》がミャンマーから帰国すると、外務省《がいむしょう》が、

「難民《なんみん》高等弁務官《べんむかん》の後任候補《こうにんこうほ》を各国が出すので、日本としては緒方《おがた》さんを候補《こうほ》にしたいのですが、いかがでしょうか？」

と、意向を確認《かくにん》してきた。

「えっ、私《わたし》が？」

びっくりした。それまでの国連難民《なんみん》高等弁務官《べんむかん》は男性で、しかも一人を除《のぞ》いて[*1]すべてヨーロッパ人だったのだ。

（子どもも成長したし、母の介護《かいご》も十分果たした。それに、いつも『日本はもっと国連ポストに人を出すべきである』と言っ

＊1　一人を除《のぞ》いて…四代目の難民《なんみん》高等弁務官《べんむかん》だったサドルディン・アガ・カーンはイラン人だった（在任《ざいにん》期間一九六五～一九七七年）。

ているのだから、もし決まったらやらなければならない。）

と、前向きに考え承諾《しょうだく》したが、自分が実際《じっさい》に難民《なんみん》高等弁務官《べんむかん》に選ばれる可能性《かのうせい》は、低いと思っていた。

ほかに、カナダの女性《じょせい》の元外務《がいむ》大臣、フランスとノルウェーの現役《げんえき》の大臣、トルコの元外務《がいむ》大臣で当時のフランス大使が、候補《こうほ》にあがっていたからだ。

しかし、一九九〇年のクリスマス直前にデ・クエヤル[*1]国連事《じ》務総長《むそうちょう》から就任《しゅうにん》を依頼《いらい》する電話があった。

貞子《さだこ》は第八代難民《なんみん》高等弁務官《べんむかん》の仕事を、引き受けた。

この大きな役目に対し、

（きっと国連人権《じんけん》委員会での私《わたし》の積極的《せっきょくてき》な発言を見たアメリカの誰《だれ》かがサポート[*2]したんだわ。それと日本政府《せいふ》の強い後押《あとお》しがあったのでは……。とにかく辞《や》めた方の残りの任期《にんき》の三年を務《つと》めあげればいいわね。）

＊1 デ・クエヤル…139ページ参照《さんしょう》。

＊2 サポート…支援《しえん》すること。

国連難民《なんみん》高等弁務官事務所《べんむかんじむしょ》（UNHCR《ユーエヌエイチシーアール》）

国連難民《なんみん》高等弁務官事務所《べんむかんじむしょ》（UNHCR《ユーエヌエイチシーアール》）は、1950年に設立《せつりつ》された、国際連合《こくさいれんごう》の難民《なんみん》問題に関する機関《きかん》です。

難民《なんみん》問題解決《かいけつ》のために設立《せつりつ》された機関

UNHCR《ユーエヌエイチシーアール》は、人道的見地から紛《ふん》争《そう》や迫害《はくがい》によって故郷《こきょう》を追われた難民《なんみん》・避難民《ひなんみん》を国際的《こくさいてき》に保護《ほご》・支援《しえん》し、難民《なんみん》問題を解決《かいけつ》するために設立《せつりつ》された機関です。1954年と1981年の2度にわたって、ノーベル平和賞《へいわしょう》を受賞《じゅしょう》しました。緒方貞子《おがたさだこ》さんは、第8代国連難《なん》民《みん》高等弁務官《べんむかん》として活動を率《ひき》いました。

第8代国連難民《なんみん》高等弁務官《べんむかん》に就任《しゅうにん》した緒方貞子《おがたさだこ》。

（©UNHCR/E.Brissaud）

食料《しょくりょう》、水、医療品《いりょうひん》のほか教育や自立などを支援《しえん》

UNHCR《ユーエヌエイチシーアール》は、世界数か所に援助《えんじょ》物資《ぶっし》の備蓄《びちく》倉庫を持っていて、緊急事態《きんきゅうじたい》が発生すると、難民《なんみん》キャンプを設営《せつえい》して、テント、毛布《もうふ》、水、食料《しょくりょう》、医療品《いりょうひん》、生活用品などの援助物資《えんじょぶっし》を支給《しきゅう》しています。さらに、教育や生計の自立支援《しえん》なども行います。

世界で活躍《かつやく》するUNHCR《ユーエヌエイチシーアール》

2023年現在《げんざい》、UNHCR《ユーエヌエイチシーアール》は世界約135か国で活動していて、約12,000人（他の契約形態《けいやくけいたい》をふくむと約17,000人）の職員《しょくいん》が働いています。1950年の設立《せつりつ》当初に30万ドルだった予算は、2019年には86億《おく》ドルにまで増《ふ》えています。

と、楽観的に考えていた。物事を大げさにとりあげて悩《なや》んだりしない性格《せいかく》だったのである。

実際《じっさい》どんな仕事をするのかわからないままスイスへ向かった。

❖行き場を失ったクルド人たち

一九九一年二月、六十三歳《さい》の貞子《さだこ》は、スイスのジュネーヴにある難民《なんみん》高等弁務官《べんむかん》事務所、UNHCR《ユーエヌエイチシーアール》に着任《ちゃくにん》した。世界中に事務所《じむしょ》があり、このとき約二千五百人の職員《しょくいん》が所属《しょぞく》していた。

実は、事務所《じむしょ》のヨーロッパ人の職員《しょくいん》は、戸惑《とまど》っていた。

「新しい難民《なんみん》高等弁務官《べんむかん》は、日本人の女性《じょせい》[*1]だぞ。」

「ああ。サダコ・オガタってどういう女性《じょせい》だろう。何ができるんだ？　この事務所《じむしょ》はどうなってしまうんだろう。」

しかし貞子《さだこ》が仕事を始めるやいなや、職員《しょくいん》たちの不安は一掃《いっそう》[*2]された。

＊1　女性《じょせい》…女性《じょせい》で難民《なんみん》高等弁務官《べんむかん》に就任《しゅうにん》した人物は、緒方貞子《おがたさだこ》が初めてだった。

＊2　一掃《いっそう》…すっかり取り除《のぞ》かれること。

分刻《ふんきざ》みのスケジュールをこなし、わからないことはどんどん質問《しつもん》してくる。上品でおだやかな見かけとはちがう、エネルギッシュ[*3]な仕事ぶりに、誰《だれ》もが目をみはった。

職員《しょくいん》たちはがぜんやる気をおこし、貞子《さだこ》を支援《しえん》し、チーム一丸となって、このあと次から次へと起こる難題《なんだい》に立ち向かっていったのである。

貞子《さだこ》が赴任《ふにん》する約二年前の一九八九年に、世界を二分した冷《れい》戦《せん》[*4]が終結していた。その後《ご》、民族や宗教《しゅうきょう》などの原因《げんいん》により紛争《ふんそう》が次《つぎ》つぎと起ころうとしていた。

そんな火種《ひだね》をかかえた一九九一年、ペルシア湾岸《わんがん》で湾岸《わんがん》戦争が起きた。一月十七日に、アメリカ主導《しゅどう》の[*5]多国籍軍《たこくせきぐん》が、クウェートを侵略《しんりゃく》したイラクに対し、武力《ぶりょく》行使を開始した。三月にはイラク軍を撃退《げきたい》し、[*6]占領《せんりょう》されていたクウェートを解放《かいほう》したのである。このためイラクのサダム・フセイン[*7]政権《せいけん》は弱体化した。

＊3 エネルギッシュ…活力にあふれていること。精《せい》力的《りょくてき》。

＊4 冷戦《れいせん》…武力《ぶりょく》によらない対立。ここでは、アメリカ合衆国《がっしゅうこく》を中心とする自由主義陣営《しゅぎじんえい》と、ソヴィエト連邦《れんぽう》（ソ連《れん》・今のロシア）を中心とする社会主義陣《しゅぎじん》営《えい》の対立。東西冷戦《れいせん》ともいう。

＊5 多国籍軍《たこくせきぐん》…複数の国によって組織された軍隊。

＊6 占領《せんりょう》…他国の領土《りょうど》を武《ぶ》力《りょく》によって自国の支配下《しはいか》に置くこと。

＊7 サダム・フセイン…イラクの元大統領《だいとうりょう》（在任《ざいにん》期間一九七九～二〇〇三年）。

この敗北を知ったイラクの北部に住むクルド人[*1]たちは、独立《どくりつ》しようと立ち上がった。今までサダム・フセイン政権《せいけん》から迫害《はくがい》を受けてきたからだ。

ところが、クルド人はイラク軍に制圧《せいあつ》されてしまった。そのため迫害《はくがい》を恐《おそ》れ、大量の難民《なんみん》となって移動《いどう》を始めたのである。

約百三十万人の難民《なんみん》がイランとの国境《こっきょう》へ、約四十五万人がトルコとの国境《こっきょう》に押《お》し寄《よ》せた。

「イラン政府《せいふ》は、国境《こっきょう》を解放《かいほう》し、自前で緊急支援《きんきゅうしえん》をやっているようですが、難民《なんみん》が多すぎて対応しきれず、UNHCR《ユーエヌエイチシーアール》に来てほしいと要請《ようせい》してきています。」

職員《しょくいん》の報告《ほうこく》に貞子《さだこ》は、思った。

(これはまぎれもなく危機《きき》だわ。)

「トルコ政府《せいふ》は、これ以上クルド人を受け入れたくない、と言っています。」

＊1 クルド人…西アジアのトルコ、イラン、イラク、シリア、およびアルメニアなどにまたがって居住《きょじゅう》する民族。

1991 年ごろのイラク周辺地図。

トルコは以前から国内のクルド人の武装勢力《ぶそうせいりょく》[*1]に手を焼《や》いていた。それで、国境《こっきょう》を閉《と》ざしてしまったのである。

「イラクとトルコとの国境《こっきょう》地帯は、険《けわ》しい岩だらけの山岳《さんがく》地帯よね。」

そんな生存《せいぞん》が脅《おびや》かされるようなところに、多くの子どもや女《じょ》性《せい》が足止めされているのかと思うと、貞子《さだこ》は気が気ではない。

「とにかく、現地《げんち》を見に行きましょう！」

「えっ、本当に行くのですか？」

UNHCR《ユーエヌエイチシーアール》の幹部職員《かんぶしょくいん》は、目を丸くした。それまで現地《げんち》へ状《じょう》況《きょう》を見に行った弁務官《べんむかん》は、一人もいなかったのだ。

「現場《げんば》を見ないことには、どうしていいか、わからないでしょう。」

カンボジアで現場《げんば》を視察《しさつ》した経験《けいけん》のある貞子《さだこ》は、きっぱりと言った。

＊1 武装勢力《ぶそうせいりょく》…対立する勢《せい》力《りょく》を武力闘争《ぶりょくとうそう》などによって排除《はいじょ》しようとする集団《しゅうだん》。

一九九一年四月半《なか》ば。

貞子《さだこ》は幹部職員《かんぶしょくいん》とともに、急いでイランとトルコへ向かった。イランに着くと、とても歓迎《かんげい》してくれた。イランの役人や国連関係者、報道《ほうどう》関係者と協議し、対策《たいさく》を練った。

難民《なんみん》キャンプへ行くには、空から行くしかない。

「えっ、これに乗るの？」

用意されたのは、古めかしい巨大《きょだい》な軍用ヘリコプターだった。

（大変なことになった……。）

今まで一度もヘリコプターに乗ったことがない。さすがに驚《おどろ》いたが、

（乗りかかった船、いえ、乗りかかったヘリね。やるしかない。）

覚悟《かくご》を決め、乗りこんだ。到着《とうちゃく》する前に、[*2]現地《げんち》の風習に従《したが》い、髪《かみ》をスカーフで隠《かく》した。

ヘリコプターから車に乗り換《か》え、難民《なんみん》キャンプに向かうと、

＊2　現地《げんち》の風習…イスラーム教の国では、女性《じょせい》は顔を隠《かく》したり、顔と手以外を隠《かく》し、近親者以外には見られないようにするなど、様ざまな生活習慣がある。

イラクとイランの国境《こっきょう》地帯の小高い山の上に、国境《こっきょう》を越《こ》えて、イラン側へ逃《のが》れようとしている人たちが見えた。

「ああ、なんてたくさんの難民《なんみん》なの！」

想像《そうぞう》した以上だった。

膨大《ぼうだい》[*1]な数の難民《なんみん》たちが、頭の上にわずかな荷物を載《の》せて、すしづめ状態《じょうたい》で必死になってイラン国境《こっきょう》を越《こ》えようとしている。女性《じょせい》も子どももたくさんいる。誰《だれ》も何も言わない。ただ苦しそうな顔で黙々《もくもく》と歩いている。

乗用車にバス。トラックにトラクター[*2]。イラン西部の国境《こっきょう》付近に設置《せっち》された難民《なんみん》キャンプへ続く山道には、数十キロメートルにもおよぶ、とてつもなく長い渋滞《じゅうたい》ができていた。

貞子《さだこ》たちが道端《みちばた》に車を止めると、難民《なんみん》に取《と》り囲《かこ》まれた。

「お願いだから聞いてください。」

難民《なんみん》たちは、口々《くちぐち》に恐《おそ》ろしい体験談を話し出した。地雷《じらい》[*3]や銃《じゅう》

---

*1 膨大…大きくふくれあがること。非常に多いこと。

*2 トラクター…土を耕《たがや》すロータリーなどの農耕具を、けん引する農業用車両。

*3 地雷《じらい》…地中にうめておき、その上を車や人が通ったときに爆発《ばくはつ》するしくみの兵器《へいき》。

1991年4月、イラクとトルコの国境《こっきょう》付近で、トルコ軍兵士《へいし》に助けを求めるクルド難民《なんみん》。

(写真：AP/ アフロ)

撃《げき》で負傷《ふしょう》した難民《なんみん》も多くいた。危険《きけん》から逃《のが》れ安全を求める人びとの痛《いた》みが、貞子《さだこ》の心にひしひしと伝わって来た。

(一刻《いっこく》も早く、なんとかしなければ。)

難民《なんみん》キャンプへ行くと、食料もテントも毛布《もうふ》も何もかもが足りなかった。UNHCR《ユーエヌエイチシーアール》は緊急物資《きんきゅうぶっし》を、*2空輸《くうゆ》で二百回を超《こ》えるほど運んだ。

さらに問題は、もう一つ、トルコ側との国境《こっきょう》だった。

貞子《さだこ》は、上空からヘリコプターで視察《しさつ》した。

するとトルコの国境沿《こっきょうぞ》いにある避難所《ひなんじょ》は、数十万人の難民《なんみん》であふれかえり、国境《こっきょう》の手前の山岳《さんがく》地帯にもたくさんの難民《なんみん》たちが取り残されていた。

「こんな岩ばかりのところにいるなんてひどすぎる！　ここは、夜には氷点下になる寒さなのに……。」

ヘリコプターを降《お》りると、貞子《さだこ》は迷《まよ》わず難民《なんみん》たちの中へ入っ

＊2 空輸《くうゆ》…航空機《こうくうき》を用いた輸送《ゆそう》。

て行った。何が不足しているか、困《こま》っているのはどんなことかなど、十二時間以上も歩き回り、話を聞いた。

このあと、午後九時にテヘラン*1にもどり、記者会見を開いた。就任《しゅうにん》してまだ日が浅く、現場《げんば》を歩き回ってへとへとのはずなのに、政治的《せいじてき》な問題にもしっかりと答えた。

次の日、貞子《さだこ》は地元紙を見て、思わず苦笑した。

「あらっ、私《わたし》のことを、『小さな巨人《きょじん》』と書いているわ。」

身長、約百五十三センチ。小さな貞子《さだこ》が行ったことが、大きく評価《ひょうか》されたのだ。このあだ名は、その後《ご》すっかり定着した。

ジュネーヴにもどると貞子《さだこ》は、悩《なや》んだ。

(国境《こっきょう》の向こう側へ行きたくても、トルコが許可してくれない。もどれば、一万五千人のイラク軍が攻撃《こうげき》しようと待ち構《かま》えている。いったいどうやって、行き場を失ったクルド人の避難《ひなん》民《みん》を保護《ほご》すればいいの。)

*1 テヘラン…イランの首都。61ページの地図参照《さんしょう》。

そんなとき、事態《じたい》が動いた。

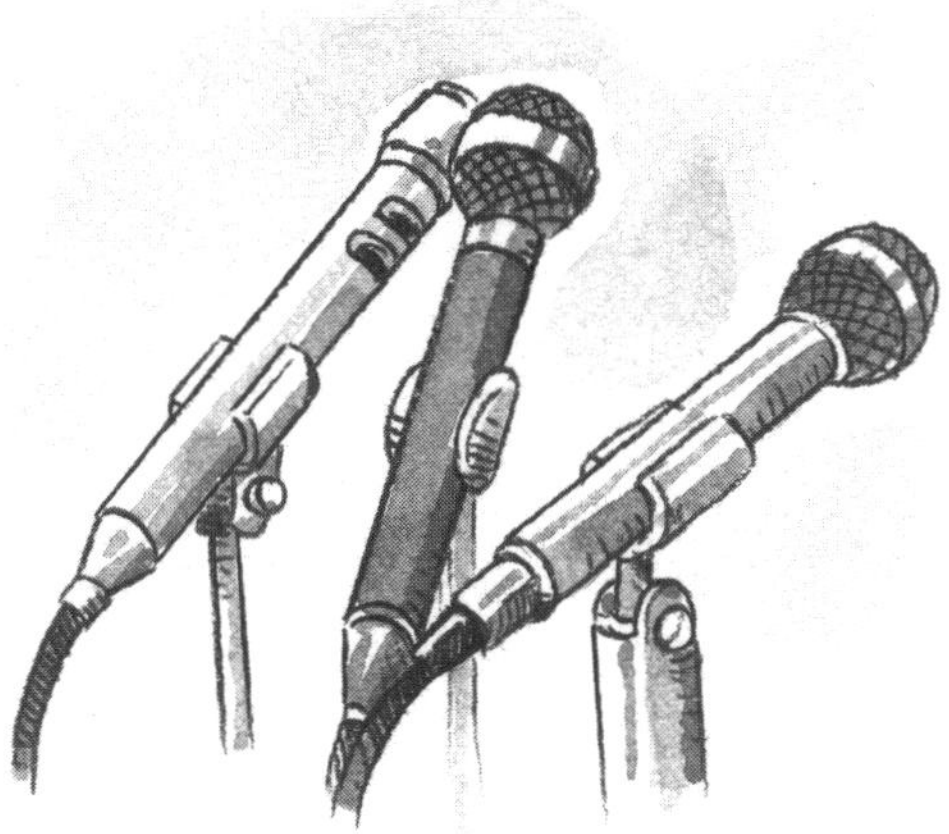

❖UNHCR《ユーエヌエイチシーアール》のルールを変えた!

この山岳《さんがく》地帯に残された難民《なんみん》たちの飢《う》えと寒さに苦しむ様子が、CNN《シーエヌエヌ》のテレビで放映《ほうえい》されると、

「難民《なんみん》を放置してよいのか!」

と、世界中の人びとが騒《さわ》ぎ出したのである。

そこでアメリカ政府《せいふ》が、多国籍軍《たこくせきぐん》に圧力《あつりょく》をかけた。多国籍軍《たこくせきぐん》は国連に対し、クルド難民《なんみん》を「イラクにとどまらせろ」と言ってきた。自分たちは難民《なんみん》キャンプをつくることができないから、UNHCR《ユーエヌエイチシーアール》にクルド人の出身地である北イラクに難民《なんみん》キャンプをつくれというのだ。そうすれば保護《ほご》すると。

「なんですって、UNHCR《ユーエヌエイチシーアール》に、逃《に》げて来た自分の国に帰る支《し》援《えん》をしろっていうの!」

貞子《さだこ》は、怒《いか》りを覚えた。

「これは、『難民条約《なんみんじょうやく》』[*1]の規定《きてい》からすれば、一番すべきではない

---

*1 難民条約《なんみんじょうやく》…難民《なんみん》の法的地位に関する条約。難民《なんみん》の保護《ほご》を目的に一九五一年に締結《ていけつ》された。

こと。危険《きけん》から逃《に》げて来た人たちをまた危険《きけん》にもどせとは！」

さらに、大きな問題があった。

UNHCR《ユーエヌエイチシーアール》の活動は、「難民条約《なんみんじょうやく》」に基《もと》づいて行われる。この条約《じょうやく》では、難民《なんみん》とは、「国境《こっきょう》の外に出て来た人」という定義《ていぎ》がなされている。

つまり＊2国境《こっきょう》を越《こ》えていないクルド人たちは、難民《なんみん》とは呼《よ》べないのである。

貞子《さだこ》は緊急《きんきゅう》会議を開き、幹部職員《しょくいん》一人ひとりの意見を二、三時間辛抱《しんぼう》強く聞いた。

「これは、合法ではない。危険《きけん》な前例をつくる。」

と、反対する幹部職員《しょくいん》。逆《ぎゃく》に、

「あえて原則《げんそく》を乗《の》り越《こ》えるべきだ。」

という意見もあった。

貞子《さだこ》は難民《なんみん》高等弁護官《べんむかん》になって、たった二か月でこのような

＊2 国境《こっきょう》を越《こ》えていない…戦争や政治的《せいじてき》・宗教的《しゅうきょうてき》迫《はく》害《がい》などの危険《きけん》から逃《のが》れるため、住んでいた土地を離《はな》れた人びとの中で、国《こっ》境《きょう》を越《こ》えていない人びとを「国内避難民《ひなんみん》」という。国内避難民《ひなんみん》は、国境《こっきょう》を越《こ》えていないことから、難《なん》民条約《みんじょうやく》では難民《なんみん》として保《ほ》護《ご》されない。

重大な決断《けつだん》を迫《せま》られたのだ。

考えた末に、決断《けつだん》した。

「難民《なんみん》を救済《きゅうさい》しましょう！　難民《なんみん》が国《こっ》境《きょう》を越《こ》えようと越《こ》えまいと、ＵＮＨＣＲ《ユーエヌエイチシーアール》は、被害者《ひがいしゃ》とともにいるべきです。これは、ルールを変えることにはなるけど、基本原則《きほんげんそく》の根幹《こんかん》は同じ。『難民《なんみん》を保護《ほご》する』『生命の安全を確《かく》保《ほ》する』ということです。命を救《すく》わなければ、難民保護《なんみんほご》も何もないでしょう。」

反対する幹部職員《しょくいん》を、こう言って説《せっ》得《とく》した。職員《しょくいん》たちはこのことばに衝撃《しょうげき》を受け、こののちのＵＮＨＣＲ《ユーエヌエイチシーアール》の職員《しょくいん》

たちの基本姿勢《きほんしせい》となったのである。

　多国籍軍《たこくせきぐん》は二万人の軍事要員を送り込《こ》み、北イラクに「安全地帯」をつくって難民《なんみん》キャンプの設置《せっち》を行った。

　貞子《さだこ》は、世界中にちらばっているUNHCR《ユーエヌエイチシーアール》の職員《しょくいん》たちを、その難民《なんみん》キャンプに集結させた。職員《しょくいん》は専門的《せんもんてき》な知識《ちしき》を持っているので、キャンプの設計《せっけい》や管理などを手伝った。おかげで、六月には難民《なんみん》のイラク国内への帰還《きかん》[＊1]が完了《かんりょう》した。

　しかしまだ、問題があった。

　多国籍軍《たこくせきぐん》が撤収《てっしゅう》したあと、この地域《ちいき》の安全をどうやって守っていくか。イラク軍が難民《なんみん》を弾圧《だんあつ》[＊2]する危険性《きけんせい》がある。

　貞子《さだこ》は、アメリカのワシントンへ飛んだ。

　ホワイトハウス[＊3]で当時のブッシュ[＊4]大統領《だいとうりょう》と面会したのである。

　このようなことをした難民《なんみん》高等弁務官《べんむかん》は、今まで一人もいない。

「難民《なんみん》は、国際《こくさい》社会が自分たちの安全を保障《ほしょう》してくれるものと

＊1 帰還《きかん》…遠方から帰ってくること。戦場などから基地《きち》・故郷《こきょう》などに帰ること。
＊2 弾圧《だんあつ》…支配者《しはいしゃ》が権力《けんりょく》を使って、反対勢力《せいりょく》の活動をおさえつけること。
＊3 ホワイトハウス…アメリカ合衆国《がっしゅうこく》大統領《だいとうりょう》の官邸《かんてい》。
＊4 ブッシュ大統領《だいとうりょう》…第四十一代アメリカ大統領《だいとうりょう》（在《ざい》任《にん》期間一九八九－一九九三年）。

信じて帰還《きかん》しましたが、UNHCR《ユーエヌエイチシーアール》ではそうした保障《ほしょう》ができません。なので、米軍《べいぐん》*1の駐留延長《ちゅうりゅうえんちょう》をお願いしたいのです。」

大統領《だいとうりょう》は、貞子《さだこ》の話に理解《りかい》を示《しめ》してくれたが、米軍は撤退《てったい》*2しなければならないと言った。

（いつまでも駐留《ちゅうりゅう》して帝国主義的《ていこくしゅぎてき》*3だと見られるのをいやがっているようだわ。）

ただ撤退《てったい》にはある程度《ていど》時間をかけて、責任《せきにん》を果たしながら撤《てっ》退《たい》すると、約束してくれた。

これまでこのように、UNHCR《ユーエヌエイチシーアール》が、米軍に安全の確保《かくほ》を要《よう》請《せい》するということはなかった。

貞子《さだこ》は軍と民間が協調する新しい形をつくったと称賛《しょうさん》された。

「協力しなくてはならない人たち同士《どうし》が、協力すればいいという程度《ていど》のこと。クルド難民《なんみん》の場合、多国籍軍《たこくせきぐん》がいたからUN《ユーエヌ》HCR《エイチシーアール》が任務《にんむ》を果たせたことはまちがいないでしょう。」

＊1 米軍…アメリカ軍のこと。
＊2 撤退《てったい》…軍隊などが、陣《じん》地《ち》や拠点《きょてん》を引き払って退《ひ》くこと。
＊3 帝国主義《ていこくしゅぎ》…一つの国または民族が、ほかの国や民族を支配《しはい》して国力の拡《かく》大《だい》をはかろうとする政治《せいじ》・経済体制《けいざいたいせい》と政策《せいさく》。

当時の海部俊樹《かいふとしき》首相（右）に対して、クルド難民《なんみん》への日本政府《せいふ》からの支援《しえん》を訴《うった》える緒方貞子《おがたさだこ》国連難《なん》民《みん》高等弁務官《べんむかん》（左）。(写真：毎日新聞社 / アフロ)

このもUNHCR《ユーエヌエイチシーアール》は、イラク北部に帰った難民《なんみん》たちのために復興《ふっこう》事業を行った。

このときの経験《けいけん》から貞子《さだこ》は、ある改革《かいかく》を行った。

「あれほど大量の難民《なんみん》が短期間に出たのだから、無理もなかったけど、物資《ぶっし》も要員も資金《しきん》も、すべてが足りないなかで、活動しなければならなかった。今後に備《そな》えて、緊急《きんきゅう》対応資金《しきん》を倍にして、柔軟《じゅうなん》に使えるようにしましょう。緊急救援物資《きんきゅうきゅうえんぶっし》の備蓄《びちく》も行わなければいけない。それに緊急事態《きんきゅうじたい》対応担当官《たんとうかん》を設《もう》け、各地に配置して、何か起きたときにすぐに対応できるように組織《そしき》の強化を図りましょう。」

リーダーシップ[*1]を発揮《はっき》し、あっという間にUNHCR《ユーエヌエイチシーアール》の対応能力《のうりょく》を高めたのだった。

この能力《のうりょく》を確《たし》かめるかのように、UNHCR《ユーエヌエイチシーアール》は休む間もなく緊急事態《きんきゅうじたい》に見舞《みま》われ、貞子《さだこ》は難《むずか》しい判断《はんだん》を迫《せま》られた。

＊1 リーダーシップ…指導者としての統率力、能力、力量。

第四章
国連難民《なんみん》高等弁務官《べんむかん》の苦悩《くのう》

❖サライェヴォの市民40万人を救え！

一九九二年、*1ボスニア・ヘルツェゴヴィナは、*2ユーゴスラヴィア連邦《れんぽう》から独立《どくりつ》した。

この地域《ちいき》には、約四割《わり》をこえる多数派《たすうは》のイスラーム系《けい》住民と約三割《わり》のセルビア系《けい》住民、それに約二割《わり》近くのクロアティア系《けい》住民という三つの民族が、混在《こんざい》して住んでいた。セルビア系《けい》住民が多く住む地域《ちいき》の中に、イスラーム系《けい》住民が暮《く》らす「*3飛《と》び地《ち》」があるなど、複雑《ふくざつ》な居住環境《きょじゅうかんきょう》だった。

それまでは隣同士《となりどうし》で問題なく暮《く》らしていたのに、この独立《どくりつ》をきっかけに民族の対立が激化《げきか》し、激《はげ》しい内戦状態《じょうたい》になった。

＊1 ボスニア・ヘルツェゴヴィナ…東南ヨーロッパにある国。79ページの地図参照《さんしょう》。

＊2 ユーゴスラヴィア連邦《れんぽう》…一九四五年に建国された連邦《れんぽう》国家。「旧ユーゴスラヴィア」とも呼《よ》ばれる。一九九一年以降解体《いこうかいたい》して、二〇〇八年までにスロヴェニア、クロアティア、ボスニア・ヘルツェゴヴィナ、セルビア、モンテネグロ、コソヴォ、マケドニア（現《げん》北マケドニア）の七つの独立国に分かれた。

＊3 飛《と》び地《ち》…ある国や行政《ぎょうせい》区《く》（都道府県や市町村など）に属《ぞく》していながら、その中心となる地域《ちいき》から離《はな》れて存在《そんざい》している地域《ちいき》。

突然《とつぜん》、「民族浄化《じょうか》」*1という名のもとに、おたがいにほかの民族を追い出しにかかったのである。

これが、ボスニア紛争《ふんそう》だ。

セルビア系《けい》住民には、大きな軍事力があった。それを利用してイスラーム系《けい》住民が多く住むボスニアの首都、サライェヴォを包囲《ほうい》した。

サライェヴォは、周囲《しゅうい》を山に囲《かこ》まれた美しい町である。一九八四年に冬季オリンピックが開かれ世界の注目を浴《あ》びた。

セルビア系武装勢力《けいぶそうせいりょく》は、その周囲《しゅうい》の山に陣取《じんど》り、街《まち》へ通じる道路を封鎖《ふうさ》してしまった。そのためサライェヴォは完全に孤立《こりつ》した。さらに、連日猛烈《もうれつ》な砲撃《ほうげき》*2が加えられ、市民は街《まち》の中でさえ移動《いどう》できず、食料や水もない状況《じょうきょう》だった。

そこでUNHCR《ユーエヌエイチシーアール》は、ボスニア政府《せいふ》と交渉《こうしょう》し、サライェヴォ市民に援助物資《えんじょぶっし》を届《とど》ける許可《きょか》を取り付けた。

＊1 民族浄化《じょうか》…複数の民族が住む地域で、特定の民族集団が武力を用いて他の民族を排除《はいじょ》すること。

＊2 砲撃《ほうげき》…戦車やミサイルなどの砲弾《ほうだん》で攻撃《こうげき》すること。

これは軍事目的ではなくあくまでも人道《じんどう》目的だったので、世界中の政府《せいふ》、*3ＮＧＯ《エヌジーオー》が、輸送機《ゆそうき》、援助《えんじょ》要員の提供《ていきょう》を表明した。

（多くの国が助けてくれる。心強い。）

現在の旧ユーゴスラヴィア連邦諸国

＊3　ＮＧＯ《エヌジーオー》…政府《せいふ》や国際《こくさい》機関に属《ぞく》さずに、人権《じんけん》・環《かん》境《きょう》・貧困《ひんこん》・医療《いりょう》などの国《こっ》境《きょう》をこえた問題に取り組む民間の組織《そしき》。国境《こっきょう》なき医師団《いしだん》、ＷＷＦ《ダブリュダブリュエフ》（世界自然保護基金《ほごききん》）などがある。

貞子《さだこ》は、ジュネーヴのUNHCR《ユーエヌエイチシーアール》本部に、サライェヴォ空輸《くうゆ》緊急《きんきゅう》チームを立ち上げた。UNHCR《ユーエヌエイチシーアール》の指揮《しき》下において、アメリカ、イギリス、フランス、カナダから派遣《はけん》された七、八名の空軍将校《しょうこう》たちが、航空機《こうくうき》の手配やスケジュール作成などを行った。

しかしUNHCR《ユーエヌエイチシーアール》が、軍といっしょに仕事をすることは、異《い》例《れい》だった。職員《しょくいん》の中には、「そこまでやるべきではない」と、軍との協力関係をきらう人も少なくなかった。

しかし貞子《さだこ》は、

「戦闘《せんとう》が続いている中での人道支援《じんどうしえん》なのだから、軍の協力は不《ふ》可欠《かけつ》です。」

と言って、押《お》し通《とお》した。

国連本部は、空輸《くうゆ》の安全を確保《かくほ》するために、国連[*1]安全保障《ほしょう》理事会（以下、安保理《あんぽり》）で決議し、サライェヴォ空港に国連[*2]保護《ほご》軍《ぐん》を派遣《はけん》した。空港を国連の管理下に置いたのである。

＊1 国連安全保障《ほしょう》理事会…国際《こくさい》平和と安全の維持《いじ》について大きな責任《せきにん》を負っている国連の機関。安保《あんぽ》理《り》（27ページ参照《さんしょう》）。

＊2 国連保護《ほご》軍《ぐん》…国連がユーゴスラヴィア紛争《ふんそう》で行った平和維持《いじ》活動。

一九九二年七月。

最初の空輪機《くうゆき》が、サライェヴォ空港に着陸した。その後三年半、のべ一万二千回に及《およ》ぶ空輸《くうゆ》作戦の始まりだった。

貞子《さだこ》はサライェヴォへ、視察《しさつ》に行く決心をした。

「市民の様子が知りたいし、物流*3システムが、どの程度《ていど》機能《きのう》しているか見たい。」

アメリカにいた副高等弁務官《べんむかん》には、「危《あぶ》ないからやめてほしい」と言われたが、空輪《くうゆ》が始まって五日後の七月八日、貞子《さだこ》は、サライェヴォへ向かった。出発前に、

「えっ、ほんとにこれを着るの？」

*4防弾《ぼうだん》チョッキを渡《わた》された。

（それだけ危《あぶ》ないってことね。）

身が引《ひ》き締《し》まる思いだった。でも、

（あっ、これ私《わたし》にちょうどいいわ。）

＊3 物流…ものを、必要としている人のもとに届《とど》ける流れのこと。物流システムとは、物流のしくみのこと。

＊4 防弾《ぼうだん》チョッキ…銃弾《じゅうだん》などから身を守るために着る服。

貞子《さだこ》の体に合わせて小さい防弾《ぼうだん》チョッキを、準備《じゅんび》してくれたのだ。緊急事態《きんきゅうじたい》の中で気を配ってくれたことがうれしく、ふっと心がなごんだ。

防弾《ぼうだん》チョッキに身を包み、小さなバッグ一つでサライェヴォの空港に軍用機《ぐんようき》*1から降《お》り立った貞子《さだこ》。その緊張《きんちょう》の中にもりりしさを秘《ひ》めた姿《すがた》は、メディア*2を通じて世界中に報道《ほうどう》された。まさに小さな巨人《きょじん》だった。UNHCR《ユーエヌエイチシーアール》の空輸《くうゆ》作戦は、大いにアピール*3されたのである。

（これは政治的《せいじてき》に大きなインパクト*4がある。つまり国際《こくさい》社会はサライェヴォを見殺《みごろ》しにしていない、みんなが注目している、ということのシンボル*5になる。）

貞子《さだこ》はその後もたびたび、メディアに状況《じょうきょう》を発信し続けた。

サライェヴォ空港からサライェヴォ市街《しがい》までは、車での移動《いどう》だ。

---

*1 軍用機《ぐんようき》…国の軍事的活動のために使用する航空《こうくう》機《き》。戦闘機《せんとうき》・爆撃機《ばくげきき》・偵《てい》察機《さつき》・輸送機《ゆそうき》などがある。

*2 メディア…人びとに広く情報《じょうほう》を発信する媒体《ばいたい》（マスメディア）のこと。

*3 アピール…人びとや世《せ》論《ろん》などに広く訴《うった》えること。

*4 インパクト…衝撃《しょうげき》や影《えい》響《きょう》。

*5 シンボル…象徴《しょうちょう》。

防弾《ぼうだん》チョッキを着てサライェヴォ空港に降《お》り立った緒方貞子《おがたさだこ》国連難民《なんみん》高等弁務官《べんむかん》。

（©UNHCR/Sylvana Foa）

「えっ、この道はスナイパー[*1]（狙撃兵《そげきへい》）通りですって！」

貞子《さだこ》は、目を丸くした。通行人や車が攻撃《こうげき》される危険《きけん》な道路として知られていたのである。

サライェヴォ市内に入ると、どこからか砲撃《ほうげき》の音が聞こえた。でも窓《まど》という窓《まど》に、貞子《さだこ》たちに期待を寄《よ》せる多くの顔があった。

「みんな手を振《ふ》ってくれている！」

心から歓迎《かんげい》してくれたことがうれしく、貞子《さだこ》も手をけんめいに振《ふ》り返《かえ》した。

（来たかいがあった。早く解決《かいけつ》しなければならない！）

もしUNHCR《ユーエヌエイチシーアール》の支援《しえん》がなかったら、[*2]孤立無援《こりつむえん》で飢餓状態《きがじょうたい》になっていた人びとだ。

支援《しえん》は、食料《しょくりょう》や毛布《もうふ》といった救援物資《きゅうえんぶっし》にとどまらず、新聞用紙や郵便物《ゆうびんぶつ》の輸送《ゆそう》、国際《こくさい》協議などに参加する[*3]政府要人《せいふようじん》の移動《いどう》、急病人や負傷者《ふしょうしゃ》の輸送《ゆそう》など、あらゆることに及《およ》んだ。

＊1 スナイパー…人を銃《じゅう》などで狙《ねら》いうちにする兵士《へいし》。

＊2 孤立無援《こりつむえん》…たった一人でいて、誰《だれ》も助けてくれる人がいないこと。

＊3 政府要人《せいふようじん》…政府《せいふ》の重要な地位にある人。

しかし、二か月後の九月三日、作戦は壁《かべ》にぶつかった。

なんと、援助物資《えんじょぶっし》を積んだイタリア軍の輸送機《ゆそうき》*4が地対空《ちたいくう》ミサイルによってサライェヴォ上空で撃墜《げきつい》されたのだ。四人の乗組員は、全員死亡《しぼう》だった。誰《だれ》がやったかもわからなかった。

(ああ、紛争下《ふんそうか》で行う人道援助《じんどうえんじょ》は難《むずか》しすぎる……。)

貞子《さだこ》は、大きなショックを受けた。

「しばらく、空輸《くうゆ》を中断《ちゅうだん》しましょう。」

このときの飛行機の破片《はへん》は、その後《ご》UNHCR《ユーエヌエイチシーアール》の建物の中に展示《てんじ》された。

さらにトラックの運転手が襲撃《しゅうげき》されるなど、関係者の犠牲《ぎせい》は増《ふ》え続け、そのたびに援助《えんじょ》は一時的に停止《ていし》した。でも援助《えんじょ》が再開《さいかい》されると、貞子《さだこ》は機会をつくって、何度も現地《げんち》を視察《しさつ》した。

(こうすれば紛争下《ふんそうか》にいる人びとを勇気づけられる。紛争《ふんそう》の悲惨《ひさん》さを忘《わす》れがちな国際《こくさい》社会へのアピールにもなる。)

＊4　地対空《ちたいくう》ミサイル…上空の標的をねらって、地上から発射《はっしゃ》されるミサイル。

しかし、大きな悩《なや》みがあった。

(どんなことをしても紛争《ふんそう》を終わらせることができない。)

国連保護軍《ほごぐん》は人道援助《じんどうえんじょ》の護衛《ごえい》を目的としていたため、紛争《ふんそう》をやめさせ、住民を守る権限《けんげん》や装備《そうび》は備《そな》えていなかったのである。

「この紛争《ふんそう》の解決《かいけつ》は、三つの民族が共存《きょうそん》すること。でも三民族はおたがいに憎《にく》み、恐怖《きょうふ》と対立が起こっている。いったい外側から何ができるというの?」

貞子《さだこ》や現場《げんば》で実態《じったい》を見ているUNHCR《ユーエヌエイチシーアール》の職員《しょくいん》たちは、苦しんだ。

一九九二年十一月。

貞子《さだこ》は、難民《なんみん》高等弁務官《べんむかん》として初めて、*1安保理《あんぽり》に出席した。

ボスニアの現状《げんじょう》を説明し、いつまでも人道援助《じんどうえんじょ》のみを続けることは不可能《ふかのう》だと言い、安保理《あんぽり》が少しでも早く政治的解決《せいじてきかいけつ》に乗り出すよう、訴《うった》えたのだった。

---

*1 安保理《あんぽり》…80ページ脚注《きゃくちゅう》参照《さんしょう》。

ボスニア紛争《ふんそう》によって故郷《こきょう》を追われたボスニア難民《なんみん》。（写真：AP/ アフロ）

しかし、*1大国《たいこく》の反応《はんのう》は、あまりよくなかった。実はそれぞれ方針《ほうしん》と政策《せいさく》があり、意思《いし》が一致《いっち》しなかったからだ。

それに、どちらか一方に*2加担《かたん》して軍事介入《かいにゅう》を行うと、国連が紛争《ふんそう》の当事者になってしまう可能性《かのうせい》がある。

同じ国連が、一方では空から爆弾《ばくだん》を落とし、地上では中立の旗《はた》を掲《かか》げて市民を支援《しえん》するという構図《こうず》になってしまう。まさに解決《かいけつ》できない難問《なんもん》だった。

一九九三年二月、援助《えんじょ》はもっと大きな壁《かべ》にぶつかった。

アフリカを訪問《ほうもん》していた貞子《さだこ》のもとに、大きなニュースが飛び込《こ》んできた。

ボスニアの東部にあるイスラーム系《けい》住民が住む「飛《と》び地《ち》」を*3包囲《ほうい》していたセルビア系《けい》武《ぶ》装勢力《そうせいりょく》が、道路を完全に封鎖《ふうさ》し、援《えん》助物資《じょぶっし》が届《とど》かないようにしたのである。

---

*1 大国《たいこく》…ある分野において国際的《こくさいてき》に大きな力を持つ国。

*2 加担《かたん》…力添《ぞ》えをすること。仲間になること。

*3 包囲《ほうい》…周りを取り囲むこと。

これを知ったサライェヴォ市議会が、サライェヴォへの援助《えんじょ》物資《ぶっし》の輸送をボイコット*4した。これは、一種のハンガーストライキ*5だった。仲間を困《こま》らせ、国際《こくさい》社会の注目を集めようという乱暴《らんぼう》な作戦だった。サライェヴォ市民に届《とど》けられるはずの援助《えんじょ》物資《ぶっし》が、空港で放置された。

「なんですって！　私《わたし》は大統領《だいとうりょう》や政府《せいふ》のために物資《ぶっし》を送っているのではないわ。市民のために送っているのよ。それをボイコットするなんて言語道断《ごんごどうだん》*6、許《ゆる》せない！」

貞子《さだこ》は、怒《いか》り心頭《しんとう》*7だった。直ちに、滞在《たいざい》中のナイロビ（ケニア）で記者会見を開き、怒《いか》りをこらえてある措置《そち》を発表した。

「政治《せいじ》と人道援助《じんどうえんじょ》を区別するように、指導者《しどうしゃ》たちを説得《せっとく》しましたが、解決《かいけつ》できませんでした。大変心苦しいのですが、援助《えんじょ》物資《ぶっし》を乗せたトラックは引き返させます。セルビア系《けい》住民が支配《しはい》する地域《ちいき》とサライェヴォでの援助《えんじょ》活動の両方を停止《ていし》しま

*4 ボイコット…団結して特定の人を退《しりぞ》けたり、会合や運動などに参加しないこと。

*5 ハンガーストライキ…自分たちの主張《しゅちょう》を世間に広く訴《うった》えるために、断食《だんじき》を行ったりすること。

*6 言語道断《ごんごどうだん》…とんでもないこと。もってのほか。

*7 怒《いか》り心頭《しんとう》…激《はげ》しく怒《いか》ること。「怒《いか》り心頭《しんとう》に発《はっ》する」の略《りゃく》。

す。」

この報道《ほうどう》に国連本部は衝撃《しょうげき》を受け、事務総長《じむそうちょう》は集まった記者にこう言った。

「すぐに援助《えんじょ》を再開《さいかい》するよう緒方《おがた》さんに指示《しじ》した。指揮《しき》するのは、私《わたし》だ！」

これを聞いた貞子《さだこ》は、

（安保理《あんぽり》は、ボスニア問題に対策《たいさく》も取らず、私《わたし》たちＵＮＨＣＲ《ユーエヌエイチシーアール》の人道支援《じんどうしえん》に頼《たよ》っているから、こんなことが起きたのよ。）

と、停止《ていし》をやめなかった。安保理《あんぽり》は、

「なぜ緒方《おがた》にそんなことをする権限《けんげん》があるんだ。」

「和平の交渉《こうしょう》がとん挫《ざ》＊1する。」

と批判《ひはん》した。新聞には、「緒方《おがた》は辞《や》めるだろう」と書かれた。

貞子《さだこ》は、大きな圧力《あつりょく》と批判《ひはん》を浴《あ》びたが、屈《くっ》しなかった。

（こんなことで辞《や》めることは絶対《ぜったい》にない！）

＊1 とん挫《ざ》…勢いが急に弱まること。計画や事業などが途中《とちゅう》で行きづまり、くじけること。

第８代国連難民《なんみん》高等弁務官《べんむかん》に就任《しゅうにん》した当時の緒方貞子《おがたさだこ》。（©UNHCR/E.Brissaud）

このことで国際社会《こくさい》の関心は、一時的にボスニアに集中した。最初に批判《ひはん》されたのは、人道援助《じんどうえんじょ》を妨害《ぼうがい》したセルビア系《けい》武装《ぶそう》勢力《せいりょく》だった。この批判《ひはん》でサライェヴォ市議会は満足し、数日後にボイコットを停止《ていし》することを表明した。人びとへの援助《えんじょ》は再開《さいかい》された。

この結果を見て貞子《さだこ》は、

(私《わたし》たちが行っている人道援助《じんどうえんじょ》で、紛争《ふんそう》そのものを解決《かいけつ》することはできない……。)

と思い、むなしく悲しかった。でも、なんとかしなければならない。そこで安保理《あんぽり》に政治的《せいじてき》に解決《かいけつ》しなければ紛争《ふんそう》は終わらない、と訴《うった》え続けたのである。

しかし、危機《きき》は再《ふたた》びやって来た。このあと、*1第二次世界大戦《だいにじせかいたいせん》以降《いこう》のヨーロッパで、最も残忍《ざんにん》な事件《じけん》が起きるとは、誰《だれ》が想像《そうぞう》できただろうか。

---

*1 第二次世界大戦《だいにじせかいたいせん》…ドイツ・イタリア・日本などの枢軸国《すうじくこく》と、アメリカ合衆国《がっしゅうこく》・ソ連《れん》・イギリスなどの連合国《れんごうこく》が戦った世界戦争。一九三九年九月に始まり、一九四三年にイタリアが降伏《こうふく》、一九四五年にドイツと日本が降伏《こうふく》し、戦争が終わった。

❖スレブレニツァの悲劇《ひげき》

一九九五年七月。

なんと、ボスニア東部のイスラーム系《けい》住民が住む小さな町スレブレニツァに、セルビア系《けい》武装勢力《ぶそうせいりょく》二千人が攻め入り、五日間で町を制圧《せいあつ》してしまったのだ。オランダ軍が町を守っていたが、たった三百人で、何もできなかった。

そのセルビア系《けい》武装勢力《ぶそうせいりょく》は住民の大半を追い出し、イスラーム系《けい》住民の男性《だんせい》と少年、七千人を別の場所で処刑《しょけい》。女性《じょせい》や子ども、高齢者《こうれいしゃ》は、トゥズラの空港に置き去りにしたのだった。

（とうとう心配していたことが、起こってしまった！）

貞子《さだこ》は、現地《げんち》へ飛んだ。

空港には追われた女性《じょせい》たちがテントの中で震《ふる》えていた。貞子《さだこ》の姿《すがた》を見ると飛び出してきて、取り乱さんばかりに訴《うった》えた。

「私《わたし》の家族はどこへ行ったのでしょう。」

「どうしてもっと早く来て*1惨劇《さんげき》を防《ふせ》いでくれなかったの！」

貞子《さだこ》は、胸《むね》を締《し》め付けられる思いだった。

（こんなことは二度と起こさせてはいけない……。）

このときのつらい思いは、一生涯《いっしょうがい》心に残った。

このあと、サライェヴォの*2青空《あおぞら》市場にセルビア系武《けいぶ》装勢力《そうせいりょく》の*3迫撃砲《はくげきほう》が撃《う》ち込《こ》まれ、多くの市民が死傷《ししょう》する事件《じけん》が起きた。

この衝撃《しょうげき》は大きく、八月三十日、*4ＮＡＴＯ《ナトー》軍がセルビア系武《けいぶ》装勢力《そうせいりょく》の拠点《きょてん》に対して激《はげ》しい空爆《くうばく》を開始した。

二週間後、セルビア系武装勢力《けいぶそうせいりょく》は停戦《ていせん》を受け入れ、ようやくアメリカのデイトンで和平合意が成立した。

一九九五年、「デイトン合意」は、パリで調印された。

民族間の内戦が始まって、すでに三年半が過《す》ぎようとしていた。

デイトン合意では、ボスニア・ヘルツェゴヴィナ共和国は、

＊1 惨劇《さんげき》…殺人《さつじん》などのむごたらしいできごと。
＊2 青空《あおぞら》市場…屋外に設《もう》けられた市場のこと。
＊3 迫撃砲《はくげきほう》…近距離《きょり》で使われるかんたんな砲撃兵器。
＊4 ＮＡＴＯ《ナトー》…北大西洋条約機構《きたたいせいようじょうやくきこう》。ヨーロッパと北アメリカの集団安全保障《ほしょう》機構《きこう》。

一つの国家とするが、セルビア系《けい》住民が中心の「スルプスカ（セルビア人）共和国」とイスラーム系《けい》住民とクロアティア系《けい》住民が中心の「ボスニア・ヘルツェゴヴィナ連邦《れんぽう》」の二つの領域《りょういき》を置くものとした。

デイトン合意による
ボスニア・ヘルツェゴヴィナの境界線

紛争《ふんそう》が終わった時点で、ボスニア・ヘルツェゴヴィナの人口四百四十万人のうち、半分以上が住み慣《な》れた家を追われていた。死者二十万人、国内避難民《ひなんみん》[*1]百三十万人、周辺国へ逃《のが》れた難民《なんみん》五十万人。ほかに約七十万人が西ヨーロッパの各国に逃《のが》れていた。人道援助《じんどうえんじょ》にたずさわった関係者は、五十人以上が死亡《しぼう》し、数百人が負傷《ふしょう》した。

デイトン合意ではUNHCR《ユーエヌエイチシーアール》に、難民《なんみん》と避難民《ひなんみん》の平和的な帰還《きかん》計画を考えるよう求めた。

「人は住み慣《な》れた場所で住む権利《けんり》がある。でも、あの荒《あ》れた町《まち》で、憎《にく》しみ合う人びとをどのように共存《きょうそん》させていけばいいのだろうか。」

貞子《さだこ》たちに、大きな責任《せきにん》がのしかかった。

(少しでもおたがいを知るチャンスがあればいいのだけど。)

そこで貞子《さだこ》が思いついたのが、路線バスだった。白いバスの

*1 国内避難民《ひなんみん》…71ページ脚注参照《きゃくちゅうさんしょう》。

横に大きくUNHCR《ユーエヌエイチシーアール》とかいて、ちがう民族が住む町をつないだのである。

「みんな乗ってくれるでしょうか?」

現場《げんば》の職員《しょくいん》は、貞子《さだこ》のアイデアに半信半疑《はんしんはんぎ》*2だった。

「とにかくやってみましょう。」

はじめは誰《だれ》もバスに乗らず、空気だけを運んでいるようだった。

ところが一人二人と乗り始め、次第にみんな穏《おだ》やかな表情《ひょうじょう》で乗るようになったのである。貞子《さだこ》は、思った。

(小さなことだけど、うれしいわ。)

「成功《せいこう》しましたね。」

職員《しょくいん》たちは、改めて思い切ったことをする貞子《さだこ》の手腕《しゅわん》に舌《した》*3を巻《ま》いたのだった。

*2 半信半疑《はんしんはんぎ》…半分信じ、半分疑《うたが》っている状態。真偽《しんぎ》の判断に迷うこと。

*3 舌《した》を巻《ま》く…驚《おどろ》き、また、感嘆《かんたん》してことばも出ない様子。

ボスニア紛争《ふんそう》が終結したころ、セルビア共和国のコソヴォ自《じ》治州《ちしゅう》が独立《どくりつ》を要求し、コソヴォ紛争《ふんそう》が起きた。

コソヴォはアルバニア系《けい》住民が人口の九割《わり》を占《し》めていたが、このときの大統領《だいとうりょう》ミロシェヴィッチはセルビア系《けい》住民だったためセルビア系《けい》の軍や*1民兵《みんぺい》を使って、アルバニア系《けい》住民を弾圧《だんあつ》した。

この民族紛争《ふんそう》に対し、NATO《ナトー》軍が安保理《あんぽり》の承認《しょうにん》を得《え》ないままに、空爆《くうばく》を行った。空爆《くうばく》は誤爆《ごばく》が多発し、一般《いっぱん》市民の犠牲者《ぎせいしゃ》が出るなど、混乱《こんらん》を極《きわ》めた。

一九九九年六月に停戦《ていせん》し、国連コソヴォ*2暫定行政《ざんていぎょうせい》ミッションが*3コソヴォの復興支援《ふっこうしえん》にあたった。

この二つの民族紛争《ふんそう》を目《ま》の当《あ》たりにした貞子《さだこ》は、このように訴《うった》えた。

「*4大量虐殺《ぎゃくさつ》などが起きそうな紛争《ふんそう》を解決《かいけつ》しようとしたとき、軍事力が必要なことを、否定《ひてい》はしません。ただし、コソヴォの

---

*1 民兵《みんぺい》…軍人ではない民間人を要員として編成《へんせい》した軍事組織《そしき》のこと。

*2 暫定《ざんてい》…正式な決定がなされるまで、仮《かり》の措置《そち》として、一時的に定めること。

*3 コソヴォの復興《ふっこう》…コソヴォは二〇〇八年にセルビアからの独立《どくりつ》を宣言《せんげん》した。しかし、現在《げんざい》もなお民族間の対立は続いており、また、紛争《ふんそう》で発生したコソヴォ難民《なんみん》の問題も解決《かいけつ》していない。

例でも明らかなように、もしどうしても武力《ぶりょく》行使が必要ならば、それは、『政治的《せいじてき》な交渉《こうしょう》を成功《せいこう》させるための、最後の後《うし》ろ盾《だて》』としての軍事的圧力《あつりょく》です。そもそも武力《ぶりょく》行使によって一般《いっぱん》市民が犠牲《ぎせい》になるのは*5本末転倒《ほんまつてんとう》です。最も大切なことは、紛争《ふんそう》のような、どうしようもない事態《じたい》になる前に国際《こくさい》社会が全力で政治的解決《かいけつ》を追求しなければならないことです。そうしなければ、難民《なんみん》問題は解決《かいけつ》しません！」

この二つの紛争《ふんそう》と同時期に、貞子《さだこ》はアフリカで起きた悲惨《ひさん》な難民《なんみん》問題にも対応《たいおう》していた。

＊4　大量虐殺《ぎゃくさつ》…意図的、計画的に対象となる集団を破壊《はかい》すること。ジェノサイド。

＊5　本末転倒《ほんまつてんとう》…物事の根本的な大切なことと、そうでないことを取り違《ちが》えること。

❖消えたルワンダ難民《なんみん》

一九九四年七月。

貞子《さだこ》のもとに、アフリカ中部のザイール（現《げん》コンゴ民主共和《みんしゅきょうわ》国《こく》）へ隣《となり》の国ルワンダから大量の難民《なんみん》が押《お》し寄《よ》せている、という知らせが入った。

「ええっ！　四日間で百万人が国境《こっきょう》を越《こ》えた？」

貞子《さだこ》は、顔をしかめた。

ルワンダは東アフリカのとても小さな国で、一九六二年にベルギーの＊1信託統治《しんたくとうち》から独立《どくりつ》したアフリカ人主体の共和国である。

大量の難民《なんみん》が出た原因《げんいん》は、ルワンダの人口の八十五％を占《し》めるフツの人びとと十四％を占《し》めるツチの人びとの対立によって引き起こされた紛争《ふんそう》によるものだった。

実は三か月前の一九九四年四月に、フツの大統領《だいとうりょう》が乗った飛

ルワンダとザイール（現《げん》コンゴ民主共和国《みんしゅきょうわこく》）の位置。

＊1　信託統治《しんたくとうち》…国連の信託《しんたく》を受けた国が、ある特定の非独立地域《ちいき》を統治《とうち》する制度。

行機が墜落《ついらく》した。ツチが撃《う》ち落《お》としたという話が流れたが、原《げん》因《いん》はわからなかった。

この事件《じけん》をきっかけに、フツの過激派《かげきは》や多くの民間人が暴動《ぼうどう》に加わり、ツチの人びとを虐殺《ぎゃくさつ》したのである。犠牲者《ぎせいしゃ》は八十万人とも百万人ともいわれている。あまりにも危険《きけん》で、どの国も自国の部隊を撤退《てったい》させ、国連ルワンダ支援団《しえんだん》という平和維持軍《いじぐん》も、規模《きぼ》を縮小《しゅくしょう》せざるを得《え》なかった。

怒《おこ》ったツチの人びとは反撃《はんげき》に出て、数週間で全土を制圧《せいあつ》した。

これに敗れたフツの兵士《へいし》たちが、ツチの報復《ほうふく》を恐《おそ》れ、一般《いっぱん》市民を率《ひき》いて隣《となり》のザイールに逃《のが》れ、大量の難民《なんみん》となった。

貞子《さだこ》は、苦しんだ。

(難民《なんみん》の中には、ツチの人びとを虐殺《ぎゃくさつ》した戦争犯罪人《はんざいにん》がいる。難民《なんみん》を保護《ほご》すれば戦争犯罪人《はんざいにん》も保護《ほご》することになる。)

実際《じっさい》NGO《エヌジーオー》には、虐殺者《ぎゃくさつしゃ》まで援助《えんじょ》することは、*2倫理《りんり》に反する

1994年ごろのルワンダ周辺地図。

＊2 倫理《りんり》…道徳やモラル。

とキャンプから引き上げる人たちもいた。

　しかし、難民《なんみん》は女性《じょせい》や子どもが多い。その人たちを見捨《みす》てることはできない。

「私《わたし》は難民保護《なんみんほご》の任務《にんむ》を国連から預《あず》かっている。難民《なんみん》がいる限《かぎ》り、いやだと言ってここを出るわけにはいかない。」

　UNHCR《ユーエヌエイチシーアール》はかなり非難《ひなん》されたが、貞子《さだこ》は援助《えんじょ》をやめず、二週間後には現地《げんち》へ飛んだ。

　ルワンダからザイールに入ってすぐのゴマ[*1]という町だ。着いたとたん、恐《おそ》ろしい景色に足がすくんだ。

「ああ、山のよう！」

　キャンプ内で軍人や民兵《みんぺい》から取り上げた武器《ぶき》が、見上げるほどたくさん積んであったのだ。

　しかし、取り上げたからといって安心はできない。隠《かく》し持《も》っている可能性《かのうせい》がある。そこで、ザイールの近衛兵《このえへい》[*2]と警察《けいさつ》のエキ[*3]

＊1 ゴマ…105ページの地図参照《さんしょう》。

＊2 近衛兵《このえへい》…君主《くんしゅ》を護衛《ごえい》（警護《けいご》）する兵士《へいし》。

＊3 エキスパート…専門家《せんもんか》や熟練者《じゅくれんしゃ》。

1994 年５月、ルワンダ政府軍《せいふぐん》の兵士《へいし》（右）に導《みちび》かれて安全な場所に避難《ひなん》するルワンダ難民《なんみん》。
（写真：AP/ アフロ）

スパートにＵＮＨＣＲ《ユーエヌエイチシーアール》の事務《じむ》の＊1コンサルタントになってもらい、キャンプ内を監視《かんし》してもらった。

そこに＊2コレラが流行した。一日に約二千人が命をうばわれたのである。

（たくさんの人が、コレラで苦しんでいる！　早くなんとかしなければ。もっと死者が出てしまう。）

貞子《さだこ》は、あせった。

「とにかくきれいな水を持って来て！」

ＵＮＨＣＲ《ユーエヌエイチシーアール》はすぐに近くのキブ湖から水をポンプでくみ上げ、浄化《じょうか》しトラックで配った。今までにないほど大きな規模《きぼ》の人道《じんどう》援助《えんじょ》だった。各国が緊急援助《きんきゅうえんじょ》を開始した。

このとき日本も、＊3国際《こくさい》平和協力法に基《もと》づく初めての「人道《じんどう》的な国際救援活動《こくさいきゅうえん》」として、自衛隊《じえいたい》を派遣《はけん》した。医療《いりょう》や＊4防疫《ぼうえき》、給水や空輸《くうゆ》などの分野で救援《きゅうえん》活動を行ったのである。その規律《きりつ》あ

＊1 コンサルタント…依頼《いらい》人《にん》の課題解決《かいけつ》や目的達成のためにアドバイスを行う専門家のこと。

＊2 コレラ…感染症《かんせんしょう》の一つ。コレラ菌《きん》で汚染《おせん》された水や食物を摂取《せっしゅ》することによって感染《かんせん》する。

＊3 国際《こくさい》平和協力法…国連平和維持《いじ》活動（ＰＫＯ《ピーケーオー》）や人道《じんどう》的な国際救援《こくさいきゅうえん》活動に参加するための法律《ほうりつ》。一九九二年に発令され、それまで認《みと》められていなかった自衛隊《じえいたい》の海外派遣《はけん》が可能《かのう》になった。

＊4 防疫《ぼうえき》…感染症《かんせんしょう》の流行を予防《よぼう》するために行う処置《しょち》のこと。

る活動は、現地《げんち》の人からも大変感謝《かんしゃ》された。

その姿《すがた》を見た貞子《さだこ》は、感激《かんげき》した。

（人道支援《しえん》の現場《げんば》で日本が大きな役割《やくわり》を果たしている！　日本人として誇《ほこ》らしいわ。）

しかし、このすきに別の問題が動き始めていた。

なんと難民《なんみん》の中にいたフツの武装勢力《ぶそうせいりょく》が、ザイールの難民《なんみん》キャンプを拠点《きょてん》にして、ルワンダにできたツチ系《けい》の新政府《しんせいふ》とキャンプ周辺《しゅうへん》に住むツチ系《けい》ザイール人を相手に紛争《ふんそう》を起こしたのである。

紛争《ふんそう》は周《まわ》りの国、ウガンダ、ブルンジなどを巻《ま》き込《こ》み、ザイールで大きな内戦となった。

一九九六年十月には、ゴマのフツの人びとがいる難民《なんみん》キャンプも激《はげ》しく攻撃《こうげき》され陥落《かんらく》した。UN《ユーエヌ》HCR《エイチシーアール》の職員《しょくいん》は対応《たいおう》できず、ルワンダ側へ脱出《だっしゅつ》せ

1996 年ごろのルワンダ周辺地図。

ざるを得《え》なかった。

激《はげ》しい戦いで、罪《つみ》もない難民《なんみん》がたくさん亡《な》くなった。生き延《の》びた難民《なんみん》は、安全な場所を求めて、姿《すがた》を消した。

この知らせを貞子《さだこ》は、ニューヨークで聞いた。

「ええっ！　百万人もの難民《なんみん》が、どこへ行ったかわからないなんて！　そんなことがある？」

自分の耳を疑《うたが》った。

「みんな＊1密林《みつりん》などへ逃《に》げたようです。」

ところが驚《おどろ》くことに、最終的には難民《なんみん》がルワンダに向かって帰り始めたというのだ。

（帰ることはとてもいいことだわ。）

こういうときのために、すでに一時収容施設《しゅうようしせつ》をつくっていたおかげで、難民《なんみん》を収容《しゅうよう》することができた。

しかし、すべての難民《なんみん》が帰ったわけではなかった。

＊1 密林《みつりん》…ジャングルのこと。

＊2 捜索《そうさく》…行方不明《ゆくえふめい》の人や物をさがし求めること。

UNHCR《ユーエヌエイチシーアール》が、夏に難民《なんみん》の人口調査《ちょうさ》をしたときは、百二十万人ほどだった。その後ルワンダへもどった難民《なんみん》が、六十から七十万人。では、残りの人たちは、どこへ行ってしまったのか。

カナダを中心とする多国籍軍《たこくせきぐん》が探《さが》し、アメリカ軍は、空中から写真を撮《と》った。しかしどこにいるかさっぱりわからなかった。しかしここで、難民《なんみん》を見捨《みす》てるわけにはいかない。

「密林《みつりん》を探《さが》しましょう!」

貞子《さだこ》の決断《けつだん》によりUNHCR《ユーエヌエイチシーアール》の職員《しょくいん》たちは、一大＊2捜索《そうさく》および帰還《きかん》作戦を開始した。

難民《なんみん》はフツの人びとだから、ツチの人びとに見つかれば、殺《ころ》される可能性《かのうせい》が高い。まさに時間との闘《たたか》いだった。

そして密林《みつりん》の奥《おく》に車や徒歩で分け入り、逃《に》げた難民《なんみん》を探《さが》し救《すく》い出したのである。

UNHCR《ユーエヌエイチシーアール》による命がけの救出《きゅうしゅつ》活動は、翌年《よくねん》の九月まで続き、救《すく》われた人びとは二十六万人にもなった。

その後ルワンダの新しいツチ系政権《せいけん》は、UNHCR《ユーエヌエイチシーアール》がザイールに逃《に》げたフツの避難民《ひなんみん》を保護《ほご》することを非難《ひなん》し、隣《となり》の国ウガンダに残るツチの難民《なんみん》に対してもっと援助《えんじょ》するように要求してきた。だが、貞子《さだこ》は、

「どちらかだけを援助《えんじょ》するわけにはいかない。」

と言って、両方の部族の家を直し、病院をつくり、学校を建てたのだった。

二〇〇〇年六月。

難民《なんみん》高等弁務官《べんむかん》として最後にルワンダを訪問《ほうもん》したとき、貞子《さだこ》

は、カガメ大統領《だいとうりょう》から感謝状《かんしゃじょう》を渡《わた》された。

そこには、

「あなたはルワンダの友であることを布告《ふこく》[*1]する。」

と、書かれていた。

貞子《さだこ》は、感動していた。

（人間の集団《しゅうだん》というものはどろどろした恨《うら》みを持ち、それは人間の本性《ほんしょう》から発生するもので、どんなにみにくいものか思い知らされた。そんな中でも努力し続けていくと、明るさが見えてくることがあるのね。）

UNHCR《ユーエヌエイチシーアール》の立場の難《むずか》しさを理解《りかい》し、何とかして紛争《ふんそう》の犠牲《ぎせい》になっている人たちを守ろうとしたことを、わかってもらえたことが、心の底からうれしかったのだった。

また、アフリカ各地の難民《なんみん》キャンプには、「サダコオガタ」と名付けられた子どもがたくさんいるといわれている。

＊1　布告《ふこく》…国家の決定的意思を、国民や相手国に公式に知らせること。

笑顔《えがお》で自分たちの話を聞いてくれた、やさしい貞子《さだこ》の姿《すがた》が難《なん》民《みん》たちの心に深くきざまれていたのだろう。

第五章　復興《ふっこう》をめざして

❖アフガン難民《なんみん》を救《すく》いたい！

アフガン難民《なんみん》[*1]は一九七九年、ソ連《れん》がアフガニスタンに侵攻《しんこう》したため、発生した。その数は六百二十万人に及《およ》んだ。

このときのアフガニスタンはいくつもの部族が集まった国で、部族の長が結束してソ連《れん》の侵攻《しんこう》に対抗《たいこう》した。アメリカは軍事援《えん》助《じょ》と難民援助《なんみんえんじょ》を行った。十年後の一九八九年二月、ソ連《れん》は完全撤退《てったい》した。

ソ連《れん》が撤退《てったい》したあとも、隣国《りんごく》のパキスタンやイランには、まだ多くの難民《なんみん》が残っていた。ところが、国際《こくさい》社会の難民援助《なんみんえんじょ》に対する熱意がうすれ、アフガン難民《なんみん》は取り残されていた。さら

1979 年ごろのアフガニスタン周辺地図。

＊1　アフガン難民《なんみん》…アフガニスタン紛争《ふんそう》などを避《さ》けるため、アフガニスタン国外に逃《のが》れた人びとのこと。

に国内で部族間闘争《かんとうそう》が起き、国は荒廃《こうはい》していた。

二〇〇〇年九月、難民《なんみん》高等弁務官《べんむかん》として約十年を過《す》ごした貞《さだ》子《こ》は、アフガニスタンの各地を訪《たず》ねた。

イランとの国境《こっきょう》に近いヘラート[*1]で、タリバン[*2]の州知事と会い難民《なんみん》の帰還《きかん》に向けて交渉《こうしょう》をしたのである。

早く紛争《ふんそう》を終わらせてほしいこと。それに人権《じんけん》問題。特に女《じょ》性《せい》の教育が全く行われていない、と訴《うった》えた。

(ものすごく貧《まず》しい人たちが、厳《きび》しい状況《じょうきょう》の中で暮《く》らしている。

このままではいけない。)

貞子《さだこ》はなかなか解決《かいけつ》できないアフガン難民《なんみん》の問題を、心の中にずっしりとかかえたまま、この年の十二月に国連難民《なんみん》高等弁《べん》務官《むかん》を退任《たいにん》した。七十三歳《さい》になっていた。

そんな不安をいだくなか、翌年《よくねん》の二〇〇一年九月に、目の前

＊1 ヘラート…115ページ地図参照《さんしょう》。

＊2 タリバン…アフガニスタンなどで活動しているイスラーム主義勢力。

で、世界貿易《ぼうえき》センタービルが崩壊《ほうかい》したのである（序章《じょしょう》）。

この事件《じけん》直後の報道《ほうどう》をみて、貞子《さだこ》は恐《おそ》ろしくてたまらなかった。

（戦争、復讐《ふくしゅう》ということば一色になっている！）

アメリカ政府《せいふ》は、九月二十七日、「容疑者《ようぎしゃ》の中にイスラーム*3過激派《かげきは》アル・カイーダに関係する人物がふくまれている証拠《しょうこ》をつかんだ」と語り、事件《じけん》にオサマ・ビンラディン*4が関係しているという見解《けんかい》を公表した。十月八日には、アフガニスタンを実《じっ》効《こう》*5支配し、オサマ・ビンラディンを庇護《ひご》*6しているといわれるタリバン政権《せいけん》に対し軍事行動を開始した。

圧倒的《あっとうてき》な軍事力を持つアメリカによって、アフガニスタンは空爆《くうばく》された。十一月には首都カブール*7が陥落《かんらく》し、タリバン政権《せいけん》は崩壊《ほうかい》した。

この悲惨《ひさん》なできごとに対して当時の小泉純一郎《こいずみじゅんいちろう》首相は、すぐ

---

*3 イスラーム過激派《かげきは》アル・カイーダ…イスラーム過《か》激派《げきは》の国際《こくさい》テロ組織《そしき》。アメリカ同時多発テロなどに関わっていたとされる。

*4 オサマ・ビンラディン…アメリカ同時多発テロ事《じ》件《けん》の首謀者《しゅぼうしゃ》とされる人物。

*5 実効支配《じっこうしはい》…ある土地を、特定の国家や政権《せいけん》が実質的に支配している状態のこと。

*6 庇護《ひご》…かばって守ること。

*7 カブール…115ページ地図参照《さんしょう》。

に行動を起こした。

貞子《さだこ》に、

「日本政府《せいふ》もアフガニスタンの復興《ふっこう》を支援《しえん》したいので手伝ってほしい。」

と、要請《ようせい》したのである。

貞子《さだこ》は、強い味方を得《え》たような気がして、力が湧《わ》いた。

（ようやく国際《こくさい》社会がアフガニスタンに目を向けるようになり日本も動き出した！　この機を逃《のが》してはいけない。）

アフガニスタン支援《しえん》総理《そうり》特別代表となり、アフガニスタン復《ふっ》興《こう》支援《しえん》国際《こくさい》会議の共同議長を務《つと》めることになったのである。

十一月二十日には、ワシントンで日本やアメリカが中心となった国際《こくさい》会議が開かれた。

この場で貞子《さだこ》は、アメリカのパウエル[*1]国務《こくむ》長官らと並《なら》んで[*2]基《き》調講演《ちょうこうえん》を行った。国際《こくさい》社会の対応を批判《ひはん》し、人道援助《じんどうえんじょ》と復興《ふっこう》支《し》

＊1 国務《こくむ》長官…アメリカ合《がっ》衆国《しゅうこく》の外交政策《せいさく》を担当《たんとう》する行政《ぎょうせい》機関である国務省《こくむしょう》を統括《とうかつ》する長。
＊2 基調講演《きちょうこうえん》…基本方針《きほんほうしん》についての講演《こうえん》。

援《えん》に力を入れるよう呼《よ》びかけたのである。

同時に国連では、アフガニスタンの新政権《しんせいけん》づくりが始まっていた。

ブラヒミ国連事務総長《じむそうちょう》特別代表が、アフガン各派《かくは》と交渉《こうしょう》を重ね、十二月五日にドイツのボンで新政権樹立《しんせいけんじゅりつ》の合意にこぎつけた。十二月二十二日には暫定行政機構《ざんていぎょうせいきこう》が発足《ほっそく》した。

年が明けると貞子《さだこ》はすぐに、パキスタン、アフガニスタン、イランに行き、現場《げんば》の状況《じょうきょう》を視察《しさつ》した。

ちょうど避難民《ひなんみん》家族が、逃《に》げていた場所から、自分たちの家へもどるところだった。避《ひ》難民《なんみん》は希望を持っていた。

「家を建て直し、種を蒔《ま》き、家畜《かちく》を飼《か》うつも

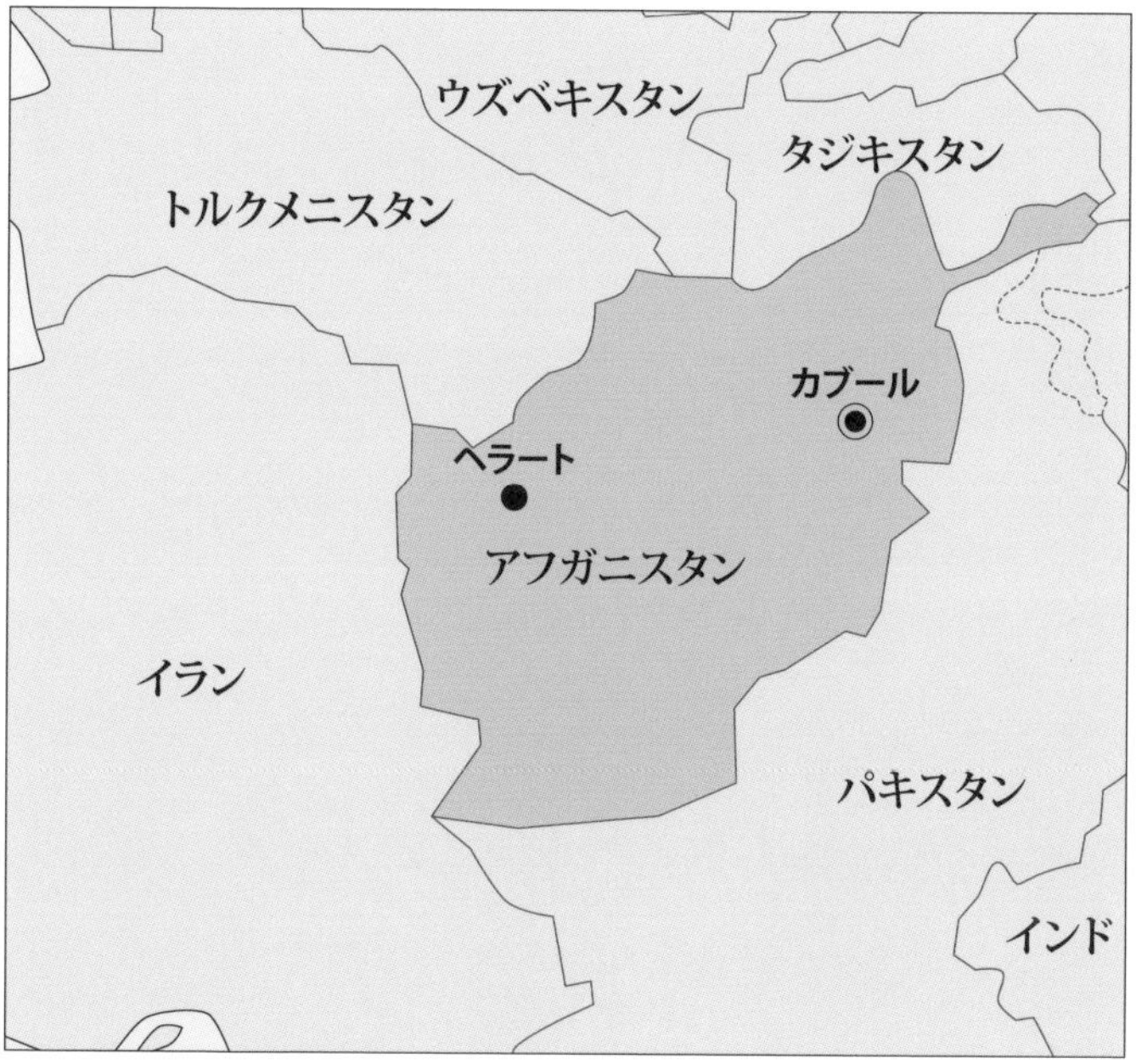

2002年ごろのアフガニスタン周辺地図。

りだ。」

(ようやく待ち望んだ復興《ふっこう》が動き出そうとしている。なんとしても、うまくいくように助けなければならない。)

貞子《さだこ》は明るいきざしを見た気がして、うれしかった。


二〇〇二年一月二十一、二十二日に、東京《とうきょう》で「アフガニスタン復興支援国際会議《ふっこうしえんこくさいかいぎ》」が開かれた。

会議《かいぎ》には六十一の国とEU《イーユー》*1、二十一の国際《こくさい》機関、さらに多くのNGO《エヌジーオー》が参加し、今後五年間で合計四十五億《おく》ドルの支援《しえん》をするという約束が表明された。

日本は軍事行動には協力できないが、その後の復興《ふっこう》を担《にな》うという姿勢《しせい》を示《しめ》し、二年半で五億《おく》ドルを出すと約束した。

二〇〇二年六月には、アフガニスタンの伝統的《でんとうてき》な国民大会議が開かれ、カルザイを大統領《だいとうりょう》とする移行政権《いこうせいけん》が発足《ほっそく》した。

---

*1 EU《イーユー》…ヨーロッパ各国の政治的《せいじてき》・経済的《けいざいてき》な協力を進め、ヨーロッパを一つの国のようにしようとする地域統合組織《ちいきとうごうそしき》。

このとき日本政府《せいふ》は、大規模援助《だいきぼえんじょ》計画を打ち出した。それが「緒方《おがた》イニシアティブ[*2]」と呼《よ》ばれるプラン[*3]だ。重点地《ち》域《いき》を設定《せってい》して、人道《じんどう》から復興《ふっこう》までの継《つ》ぎ目《め》のない総合的《そうごうてき》な開発支援《しえん》を行うものだった。

難民《なんみん》の帰還《きかん》に焦点《しょうてん》をあて、住宅《じゅうたく》や水、教育、保健医療《ほけんいりょう》といった分野を支援《しえん》する。さらに帰還《きかん》した人たちが、定着できるように各家庭の経済力《けいざいりょく》を高めるのである。

文字通り貞子《さだこ》がイニシアティブをとり、このプランは約三年間実施《じっし》され、かなりの効果《こうか》をあげた。

しかしアフガニスタンは、難《むずか》しい地域《ちいき》である。国際《こくさい》社会が復《ふっ》興《こう》を支《ささ》え続《つづ》けなければならない。

「長期にわたって関わらなければ、事態《じたい》は九月十一日以前に逆《ぎゃく》もどりして、もっと恐《おそ》ろしいことになるかもしれない。」

貞子《さだこ》は不安をぬぐいきれなかった。残念なことにその心配は、

＊2　イニシアティブ…主導《しゅどう》権《けん》。
＊3　プラン…計画。

アフガニスタンからパキスタンに避難《ひなん》する難民《なんみん》。（写真：ロイター / アフロ）

二十年後に的中した。

二〇二一年八月三十日。アメリカ軍がアフガニスタンから撤退《てったい》した。その間《かん》に、タリバンの戦闘員《せんとういん》は、首都カブールを奪還《だっかん》*1。数日後にはアフガニスタン全土を支配《しはい》した。

二〇二三年現在《げんざい》、タリバン政権《せいけん》は国際《こくさい》社会から承認《しょうにん》されていないが、事実上の政府《せいふ》となっている。治安は悪化、女性《じょせい》に対する教育は進むどころか後退《こうたい》し、女性《じょせい》一人では外出もままならないような現状《げんじょう》である。

それはとても残念なことだが、ともかくも、当時貞子《さだこ》は、日本政府《せいふ》のアフガニスタン復興支援《ふっこうしえん》に協力を惜《お》しまなかった。

そんな二〇〇三年三月のことだ。

ニューヨークにいた貞子《さだこ》のもとに、国際《こくさい》協力機構《きこう》、通称《つうしょう》JICA《ジャイカ》*2の労働組合*3の代表から面談の申《もう》し込《こ》みがあった。

---

*1 奪還《だっかん》…奪《うば》われたものを取りもどすこと。

*2 JICA《ジャイカ》…「国際《こくさい》協力機構《きこう》」の略称《りゃくしょう》。日本の政《せい》府《ふ》開発援助《えんじょ》（ODA《オーディーエー》）を一元的に行う機関（120ページ脚注参照《きゃくちゅうさんしょう》）。

*3 労働組合…使用者と対等の立場で交渉《こうしょう》できるように、労働者が主体となって労働条件の向上などを目的として活動する団体《だんたい》。

❖労働組合代表の思い

JICA《ジャイカ》は、国際《こくさい》協力事業団《じぎょうだん》を前身とする、外務省《がいむしょう》所管の*1独《どく》立行政《りつぎょうせい》法人だ。

政府《せいふ》の*2開発援助《えんじょ》を担《にな》う機関で、開発途上地域《とじょうちいき》を対象にした国《こく》際《さい》協力を実施《じっし》している。事業の計画を立てることや資金《しきん》協力、専門家《せんもんか》や*3青年海外協力隊をはじめ、国際《こくさい》協力の現場《げんば》で活動する人材の派遣《はけん》などを行っている。

労働組合の代表は貞子《さだこ》に、JICA《ジャイカ》の理事長になってほしいと言った。

(ずいぶん不思議なお話ね。もしかして一種の*4革命《かくめい》でも試みているのかしら。)

と、貞子《さだこ》は疑問《ぎもん》を持った。ふつう、組織《そしき》のトップを迎《むか》えるときは、経営者側《けいえいしゃ》が要請《ようせい》してくるものだ。

労働組合の代表は、真剣《しんけん》な顔で話し始めた。

---

*1 独立行政法人《どくりつぎょうせいほうじん》…独立《どくりつ》した法人格《ほうじんかく》を持つ、国公立の研究機関や病院、博物館・美術館《びじゅつかん》、中央省庁《しょうちょう》の実地の業務《ぎょうむ》を行う部門のこと。

*2 開発援助《えんじょ》…開発途上国《とじょうこく》の社会や経済《けいざい》の発展《はってん》のために、先進国の政府《せいふ》や民間が行う援助《えんじょ》。政府《せいふ》や政《せい》府《ふ》機関が実施《じっし》するものを政府《せいふ》開発援助《えんじょ》(ODA《オーディーエー》)という。

*3 青年海外協力隊…開発途上国《とじょうこく》の国づくりに協力するため、現地《げんち》で奉仕《ほうし》活動をする青年隊。原則《げんそく》として二年間派遣《はけん》される。

*4 革命《かくめい》…被支配階級《ひしはいかいきゅう》がその時の支配階級《しはいかいきゅう》を倒《たお》し、国の政治《せいじ》や社会のしくみを大きく変えること。物事が急激《きゅうげき》に発展《はってん》・変革《へんかく》すること。

「実はJICA《ジャイカ》は、二〇〇三年十月に特殊法人《＊5とくしゅ》から独立行政法《どくりつぎょうせい》人に移行《いこう》するのですが、新組織《しんそしき》の初代理事長は誰《だれ》になってほしいかというアンケートを組合内で実施《じっし》したところ、緒方《おがた》さんの名前が圧倒的《あっとうてき》に多かったのです。」

これまでのような開発援助《えんじょ》のやり方ではなく、もっと大きな視野《しや》で自分たちの仕事を主導《しゅどう》してくれる人物を望んでいたのである。

（JICA《ジャイカ》の内部で、変化しなければならないという考えが広がっているのかもしれない。）

と、貞子《さだこ》は感じた。

しかし、人気投票の結果だけでは仕事はできない。それに、JICA《ジャイカ》について具体的にどんな事業をしているのか、知識《ちしき》がなかったので、考えた末こう言った。

「私《わたし》に何をしてほしいのか、出直してもう一度きっちり説明し

＊5　特殊《とくしゅ》法人…公共《こうきょう》の利益《りえき》、もしくは国の政策《せいさく》上の特《とく》殊《しゅ》事業を行うために、特別法によって設立された法人。

てください。」

すると約十日後、労働組合の代表は、たくさんの資料《しりょう》と職員《しょくいん》の手紙を持ち、説明に来た。

（かなり熱心ね。十分やる気があるわ。でも……。）

組織《そしき》からの正式な申し入れがないと、考えることはできないと答えた。

その後二〇〇三年の夏休み、日本に帰って軽井沢《かるいざわ》にいるとき、当時の川口順子《かわぐちよりこ》外務《がいむ》大臣から理事長就任《しゅうにん》の依頼《いらい》があった。

貞子《さだこ》は親しい人に相談し、ＪＩＣＡ《ジャイカ》の組織《そしき》や事業についてくわしく説明を受けた。

以前、貞子《さだこ》は、外務《がいむ》大臣になってほしいという話を、家族の事情《じじょう》などから二度断《ことわ》っていた。だから、今回は、

（日本の外交のために何か役に立つことがあったら、やらなければならないわね。）

と判断《はんだん》し、JICA《ジャイカ》の理事長を引き受けたのだった。

JICA《ジャイカ》の緒方貞子《おがたさだこ》理事長。（写真提供 /JICA）

❖再《ふた》び現場主義《げんばしゅぎ》をかかげて

理事長になった半年後に、貞子《さだこ》は三つの柱をかかげた。

一つ目は、現場主義《げんばしゅぎ》だ。

「現地《げんち》へ行ってみないと、人びとが本当は何がほしいか見えないのです。東京《とうきょう》で必要な物が何か決めるのではなく、現地《げんち》で必要な物を見極《みきわ》めて、本部へ提案《ていあん》することが不可欠《ふかけつ》[*1]です。」

このために、職員《しょくいん》を国内から海外へ大幅《おおはば》に移動《いどう》させ、現地《げんち》の事務所《じむしょ》の体制《たいせい》を強化し、権限《けんげん》を与《あた》えた。

新人職員《しょくいん》も一年目から海外の現場《げんば》で研修《けんしゅう》を受けるシステムにし、現地《げんち》の人たちや日本のボランティア[*2]といっしょに仕事をするようにしたのである。

二つ目は、スピードだ。

「事務所《じむしょ》の所長は、直接《ちょくせつ》私《わたし》に現地《げんち》の政治経済情勢《せいじけいざいじょうせい》、社会の状況《じょうきょう》や事業の課題について、定期報告《ほうこく》をしてください。」

＊1 不可欠《ふかけつ》…なくてはならないこと。

＊2 ボランティア…金銭上《きんせんじょう》の利益《りえき》を求めずに、自分から進んで地域《ちいき》や社会に役立つ活動をする人のこと。

これは、UNHCR《ユーエヌエイチシーアール》のときの経験《けいけん》から考えたことだった。たとえば大規模災害時《だいきぼさいがいじ》の復興支援《ふっこうしえん》などは、すぐに本部が対応しなければならない。そのためには手続きを簡単《かんたん》にする必要があったのである。

貞子《さだこ》自身、JICA《ジャイカ》の理事長として、たびたび海外へ出張《しゅっちょう》し、現地《げんち》の職員《しょくいん》と意見交換《こうかん》をした。八年半の在任《ざいにん》期間中に訪問《ほうもん》した国は、なんと四十三か国に上る。

こうした実践的《じっせんてき》な改革《かいかく》のおかげで、アフガニスタンや南《みなみ》スーダンにおける平和のための支援《しえん》や、スマトラ沖《おき》・インド洋《よう》津波《つなみ》災害《さいがい》（二〇〇四年）、中国《ちゅうごく》・四川大地震《しせんおおじしん》（二〇〇八年）などの大規模災害時《だいきぼさいがいじ》に、スピーディ*3に対応《たいおう》することができたのだった。

三つ目は、「人間の安全保障《ほしょう》」についてである。

これは国連難民《なんみん》高等弁務官《べんむかん》として難民支援《なんみんしえん》を行う中で、追い求めた新しい概念《がいねん》*4でもある。

*3 スピーディ…すばやく。

*4 概念《がいねん》…物事の大まかな意味内容《ないよう》。コンセプト。

「人間の安全を保障《ほしょう》するためには、一人ひとりに向き合い、その安全と発展《はってん》を大事にしなければなりません。人が安全に暮《く》らすということは、国家が行うとされてきました。でも、今や国家にたよっていればよくなる時代ではないのです。」

つまり、例えばある国で、民族間で紛争《ふんそう》が起きたとする。そのとき、国家権力《けんりょく》をにぎった多数派《たすうは》民族により、少数派《しょうすうは》民族は攻撃《こうげき》されてしまう。その少数派《しょうすうは》の民族をどのように救《すく》うか。

あるいは、国が崩壊《ほうかい》してしまったとき、そこで暮《く》らす人びとをどうやって生き延《の》びさせるか。人びとの安全をどうやって保《ほ》障《しょう》するか。

このことについて、貞子《さだこ》はこのように言った

「大事なのは、人びとです。『人間』です。人びとを中心にすえて安全においても繁栄《はんえい》についても、考えていかなければなりません。」

シリアのアレッポにあるパレスチナ難民《なんみん》キャンプの学校を訪問《ほうもん》。（写真提供 /JICA）

つまり国連は国際《こくさい》機関なので、戦争や紛争《ふんそう》などが起きた場合、国と国との話し合いで解決《かいけつ》しようとするが、それだけではすべてを解決《かいけつ》することはできない。国とは人びとで成り立っているということを忘《わす》れてはいけない。

現場《げんば》で困《こま》っている人たちのために食料や医療《いりょう》などを支援《しえん》し、安定して住める場所を提供《ていきょう》するなどして、安全を保障《ほしょう》しなければならないというのである。

❖持ちつ持たれつでいきましょう

日本は、一九四五年に終わった太平洋戦争《たいへいようせんそう》以後、武力《ぶりょく》による戦争は経験《けいけん》していない。

しかし、世界では中東《ちゅうとう》各地の内戦や、アフリカのルワンダ、ユーゴスラヴィアの民族紛争《ふんそう》、ロシアによるウクライナ侵攻《しんこう》など、ひんぱんに紛争《ふんそう》が起きている。

こういった中で、日本人として、何を考えるべきか。

貞子《さだこ》は、『人びとの間の共存《きょうそん》』が大事だと語る。

「自分たちだけが幸せを受けるのではなく、世界にいる多くの人びとのことを、自分と合わせて考えてほしい。みんな同じ人間なのだから、おたがいの価値《かち》を認《みと》め合ってほしい。人間同士《どうし》の強い思いやりを持っているべきではないか。『持ちつ持たれつ』[*1]というのは、日本のことばでしょ。」

貞子《さだこ》はおたがいに関心をいだき、人道的な考え方を持ってほ

＊1　持ちつ持たれつ…おたがいに助けたり助けられたりすること。

しいと、願ったのである。

二〇〇三年十一月、貞子《さだこ》は*1文化勲章《くんしょう》を受章した。国際貢献《こくさいこうけん》を理由とする受章《じゅしょう》は初めてのことだった。

貞子《さだこ》は記者会見で、

「こういう分野は対象《たいしょう》ではないと思っていたので、励《はげ》まされた思いでいます。」

と、語った。

それまでにも、UNHCR《ユーエヌエイチシーアール》在任《ざいにん》中に、イタリア金《きん》の鳩平和賞《はとへいわしょう》、フィラデルフィア自由賞《じゆうしょう》(アメリカ国立憲法《けんぽう》センター)、アジアのノーベル賞《しょう》といわれる、マグサイサイ賞《しょう》(ラモン・マグサイサイ賞財団《しょうざいだん》)、朝日賞《あさひしょう》(朝日《あさひ》新聞社)、ソウル平和賞《へいわしょう》(ソウル平和賞《へいわしょう》文化財団《ざいだん》)など、数々《かずかず》の表彰《ひょうしょう》を受けてきた。

---

*1 文化勲章《くんしょう》…日本の文化の向上・発展《はってん》にいちじるしい功績《こうせき》を残した人に授《じゅ》与《よ》される勲章《くんしょう》。授与式《じゅよしき》は毎年、十一月三日の文化の日。

*2 顧問《こもん》…企業《きぎょう》などから依《い》頼《らい》を受けて、専門的知識《せんもんてきちしき》や経験《けいけん》に基《もと》づくアドバイスやサポートを行う人。

*3 フェロー…一般《いっぱん》に、大学の特別研究員、非常勤《ひじょうきん》職員《しょくいん》などをさす。

*4 名誉顧問《めいよこもん》…顧問《こもん》を退《しりぞ》いた人に与《あた》えられる栄誉職《えいよしょく》。顧問《こもん》とちがって、組織《そしき》の意思決定の権限《けんげん》を持たない。

また、ドイツ、フランス、イタリア、スウェーデン、ロシア、フィリピン、オランダ、イギリス、キルギス、メキシコなどの国々《くにぐに》からも、生前に勲章《くんしょう》を授与《じゅよ》された。

二〇一二年三月、貞子《さだこ》は八十四歳《さい》のとき、JICA《ジャイカ》理事長を退任《たいにん》したが、その後も特別顧問《こもん》*2や特別フェロー*3として尽力《じんりょく》。さらに名誉顧問《こもん》*4に名を連ねた。最晩年《さいばんねん》は自宅《じたく》でおだやかな日々《ひび》を過《す》ごし、二〇一九年十月二十二日、九十二歳《さい》で永眠《えいみん》。

東京《とうきょう》の市ヶ谷《いちがや》にある緒方貞子《おがたさだこ》メモリアルギャラリー。(写真提供 /JICA)

葬儀《そうぎ》は霧《きり》のような細かい雨が降《ふ》る中、東京都大田区《とうきょうとおおたく》のカトリック田園調布《でんえんちょうふ》教会で営《いとな》まれた。「内々《ないない》に」*1ということだったが、百五十人近い人が弔問《ちょうもん》*2に訪《おとず》れ、美智子上皇后《みちこじょうこうごう》*3もお忍《しの》びで来られた。

何があってもひるまず、冷静沈着《ちんちゃく》な判断《はんだん》を下し、果敢《かかん》に立ち向かっていった緒方貞子《おがたさだこ》という偉大《いだい》な女性《じょせい》との別れを、多くの人が悲しんだのだった。

（終わり）

---

*1内々《ないない》に…表立てないこと。

*2弔問《ちょうもん》…遺族《いぞく》を訪問《ほうもん》してお悔《く》やみを述《の》べること。

*3上皇后《じょうこうごう》…退位《たいい》した天皇《てんのう》（上皇《じょうこう》）の后《きさき》。

もっと よくわかる！ 緒《お》方《がた》貞《さだ》子《こ》

世界の難民救済《なんみんきゅうさい》に力を尽《つ》くした緒方貞子《おがたさだこ》とはどんな人物だったのか
くわしく見てみましょう。

忍耐《にんたい》と哲学《てつがく》をかければ、
ものごとは動いていく。

（緒方貞子《おがたさだこ》のことば）

構成・文／オフィス・イディオム

緒方貞子《おがたさだこ》って どんな人？

お話の中には出てこなかった、緒方貞子《おがたさだこ》の素顔《すがお》を見てみましょう。

大好きなテニスを生涯《しょうがい》続けた

小学生のころからテニスに親しんでいた貞子《さだこ》は、聖心《せいしん》女子大にテニス部をつくりました。そして、全日本選手権のシングルスでベスト8、ダブルスでは準優勝《じゅんゆうしょう》も果たしたほどの腕前《うでまえ》でした。

テニスは貞子《さだこ》にとっての生涯《しょうがい》の趣《しゅ》味《み》で、七十歳《さい》を過《す》ぎても休みの日にはテニスを楽しんでいたそうです。

並《なみ》はずれた体力の持ち主

世界中を飛び回った貞子《さだこ》は、並《なみ》はずれた体力の持ち主で、同行したスタッフは、貞子《さだこ》のペースについていくのに苦労したそうです。

例えば、貞子《さだこ》が七十三歳《さい》のとき、東京《とうきょう》から京都《きょうと》まで日帰りの講演《こうえん》の仕事がありました。貞子《さだこ》は、行きの新《しん》幹《かん》線《せん》の中では、その日の複数《ふくすう》の新聞に目を通し、会場に到着《とうちゃく》すると立ったまま講演《こうえん》を行い、帰りの新幹線《しんかんせん》では、寝《ね》ることなく原稿《げんこう》のチェックをしていたそうです。

貞子《さだこ》の口ぐせは「私《わたし》はかぜなどひきませんから」でした。

物事を心配しない楽天的《らくてんてき》な性格《せいかく》

貞子《さだこ》は、国連難民《なんみん》高等弁務官《べんむかん》という大役を引き受けたときのことを、次のように語っています。

「私《わたし》は物事を大げさに取り上げ、悩《なや》んだり決意したりしない性格《せいかく》なのでしょう。……楽観的に考えていたというのでしょうか。実際、どんな仕事になるかあまりよくわからないまま着任《ちゃくにん》したわけです。」

また、アフリカに同行したスタッフは次のように証言《しょうげん》しています。

「急に飛行機が大きくゆれて、乗客の誰《だれ》もが動揺《どうよう》しているとき、資料《しりょう》に目を通していた緒方《おがた》さんは、『大丈《だいじょう》夫《ぶ》でしょう』と言って、そのまま何事もなかったように資料《しりょう》を読み続けました。」

人の話をよく聞く思いやりのある性格《せいかく》

大学時代の友人たちは、貞子《さだこ》についてこう語っています。

「みんなの意見をそれぞれお聞きになって、まとめ上げていました。」

「何しろ人の意見をよくお聞きになりますから。」

また、国連難民《なんみん》高等弁務官事務所《べんむかんじむしょ》（UNHCR《ユーエヌエイチシーアール》）の職員の一人は、貞《さだ》子《こ》についてこう語っています。

「彼女《かのじょ》をいちばん的確《てきかく》に形容することばは、やはり『ケアリング（思いやりの深い）』ということばでしょう。難民《なんみん》に対してはもちろんでしたが、もう一点言っておきたい側面は、U《ユー》NHCR《エヌエイチシーアール》スタッフのことも非常によく気にかけてくれていたことです。」

周囲の人たちは、こうした貞子《さだこ》の優《やさ》しさに信頼《しんらい》を寄せて、協力をしていったのでしょう。

出典：『難民に希望の光を 真の国際人緒方貞子の生き方』（中村恵・著／平凡社刊）

緒方貞子《おがたさだこ》がのこした功績《こうせき》

緒方貞子《おがたさだこ》はどんなことを成《な》しとげ、何をのこしたのか、おもな功績《こうせき》を見てみましょう。

それまでの「難民《なんみん》」の定義《ていぎ》を変えた

貞子《さだこ》が国連難民《なんみん》高等弁務官《べんむかん》に就任する前まで、国連の定義《ていぎ》による「難《なん》民《みん》」とは「迫害《はくがい》を受け、自国にいられなくなって他国に逃《に》げ延《の》びた人」でした。

そのため、トルコ政府《せいふ》の受け入れ拒否《きょひ》によりイラク国内の国境《こっきょう》地帯にとどまったクルド難民《なんみん》は、難民《なんみん》として認定《にんてい》されず、保護《ほご》ができませんでした。それを知った貞子《さだこ》は、彼らに対する援助《えんじょ》を決定し、「難民《なんみん》」の定《てい》義《ぎ》を変えたのです。

それ以降《いこう》、「国内避《ひ》難民《なんみん》」も難民《なんみん》として支援《しえん》を受けられるようになりました。

難民《なんみん》にとって有効な援助《えんじょ》を届けた

「現場主義《しゅぎ》」を掲《かか》げる貞子《さだこ》は、紛《ふん》争《そう》地域の難民《なんみん》キャンプを訪れて、難《なん》民《みん》から直接話を聞きました。難民《なんみん》がどんな援助《えんじょ》を必要としているかを知るためです。貞子《さだこ》の行動によって、難民《なんみん》にとって有効な援助《えんじょ》が届《とど》けられるようになりました。

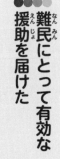

「緒方《おがた》イニシアティブ」をつくった

アフリカのルワンダ難民《なんみん》を現地《げんち》で視察《しさつ》した貞子《さだこ》は、紛争《ふんそう》が終結したのちの難民《なんみん》に対しても、生活を再建《さいけん》するための援助《えんじょ》が必要だと考えました。紛争《ふんそう》が起きる大きな原因《げんいん》の一つが貧困《ひんこん》にあったからです。

難民《なんみん》が自国にもどったとき、それまでの援助《えんじょ》が途絶えることで貧困《ひんこん》が広がると、ふたたび紛争《ふんそう》が発生するおそれがあるのです。

そこで貞子《さだこ》は、自国にもどった難民《なんみん》がスムーズに生活を復旧《ふっきゅう》、さらに復興《ふっこう》できるような「継《つ》ぎ目のない総合的《そうごうてき》な援助《えんじょ》プログラム」をつくりました。

「緒方イニシアティブ」と呼《よ》ばれるこのプログラムは、現在でも難民《なんみん》の支援《しえん》の際に用いられています。

世界中の女性《じょせい》たちに勇気を与えた

一九九〇年代には、男性《だんせい》に比《くら》べて女性《じょせい》の権利《けんり》が認《みと》められていない国が数多くあり、世界のリーダーはほとんどが男性《だんせい》でした。

そんな時代に、「小さな巨人《きょじん》」と呼《よ》ばれ、国連難民《なんみん》高等弁務官《べんむかん》としてリーダーシップを発揮《はっき》する貞子《さだこ》の姿《すがた》は、女性《じょせい》の権利獲得《けんりかくとく》を求める人びとにあこがれと勇気を与《あた》えました。

「人間の安全保障《ほしょう》」の考え方をまとめた

人間の安全保障《ほしょう》委員会の共同議長となった貞子《さだこ》は、「人間の安全保障《ほしょう》」に関する報告書《ほうこくしょ》をまとめました。

人間の安全保障《ほしょう》委員会は、人間の安全保障《ほしょう》とは「人間の生にとってかけがえのない中枢《ちゅうすう》部分を守り、すべての人の自由と可能性《かのうせい》を実現《じつげん》すること」と定義《ていぎ》しています。

具体的には、紛争《ふんそう》や経済危機《けいざいきき》などで、その国の政府《せいふ》が国民を守っていくことができなくなったとき、他の国が協力して一人ひとりの人間の生命・生活・人権《じんけん》などを守っていこうとする考え方です。

人間の安全保障《ほしょう》は、現在《げんざい》、日本やカナダが外交政策《せいさく》の柱として掲《かか》げています。

出典：『難民に希望の光を 真の国際人緒方貞子の生き方』（中村恵・著／平凡社刊）

緒《お》方《がた》貞《さだ》子《こ》に関わった人びと

貞《さだ》子《こ》の生涯《しょうがい》に関わった人物をくわしく見てみましょう。

犬養《いぬかい》 毅《つよし》

（1855 〜 1932）

貞《さだ》子《こ》の曽《そう》祖《そ》父《ふ》で名付け親

貞《さだ》子《こ》の母方の曽《そう》祖《そ》父《ふ》で政《せい》治《じ》家《か》。第二十九代内《ない》閣《かく》総《そう》理《り》大《だい》臣《じん》。

ひ孫の貞子が生まれたときに、「貞《さだ》子《こ》」という名を付けました。

一九三二年年五月十五日、総《そう》理《り》公《こう》邸《てい》でくつろいでいたところを、海軍の青年将《しょう》校《こう》らによって暗《あん》殺《さつ》されました（五《ご》・一《いち》五《ご》事《じ》件《けん》）。

中村豊一《なかむらとよいち》

（1895 〜？）

貞《さだ》子《こ》の父で外交官

貞《さだ》子《こ》の父で外交官。幼《おさな》い貞《さだ》子《こ》が日本以外の世界を知り、英語が話せるようになったのは、両親とともに外国で暮《く》らしたおかげです。

子育て中の貞《さだ》子《こ》が、国連総《そう》会《かい》への参加を打《だ》診《しん》されたとき、「みんなでやれば、なんとかなるから行きなさい」と声をかけました。

緒《お》方《が》四《し》十《じゅう》郎《ろう》

（1927 〜 2014）

貞《さだ》子《こ》の仕事を応《おう》援《えん》した夫

政《せい》治《じ》家《か》の緒《お》方《がた》竹《たけ》虎《とら》の三男で貞《さだ》子《こ》の夫。日《にっ》本《ぽん》銀《ぎん》行《こう》で働いていたときに貞《さだ》子《こ》と知り合い結《けっ》婚《こん》しました。

貞《さだ》子《こ》が学問を続けることを応《おう》援《えん》しました。のちに貞《さだ》子《こ》は夫の四《し》十《じゅう》郎《ろう》のことを、「パートナーとして感《かん》謝《しゃ》してもしきれない」と語っています。

マザー・ブリット

（1897〜1967）

女子大生時代に最も影響《えいきょう》を受けた教育者

聖心《せいしん》女子大学の初代学長で、貞《さだ》子《こ》が在学中に最も影響《えいきょう》を受けた女《じょ》性《せい》。

のちに貞《さだ》子《こ》は、「マザー・ブリットはアイデア豊富《ほうふ》で実行力や交渉《こうしょう》力《りょく》があり、すばらしいリーダーでした。彼女《かのじょ》に頼《たの》まれると誰《だれ》もいやと言えず、外交力に長《た》けた魅力的《みりょくてき》な人でした」と語っています。

市川房枝《いちかわふさえ》

（1893〜1981）

国連デビューのきっかけをつくった政治家《せいじか》

愛知県《あいちけん》出身の政治家《せいじか》、婦人《ふじん》運動家。

一九一九年、平塚《ひらつか》らいてう《ちょう》とともに、女性《じょせい》の社会的・政治的《せいじてき》権《けん》利《り》の獲得《かくとく》をめざして、「新婦人協《しんふじんきょう》会《かい》」を設立《せつりつ》しました。

一九六八年、参議院議員だったときに、日本政府《せいふ》代表団《だいひょうだん》の一員として国連総会《そうかい》に参加するよう、貞《さだ》子《こ》に依頼《いらい》しました。

デ・クエヤル

（1920〜2020）

国連難民《なんみん》高等弁務官《べんむかん》への就任《しゅうにん》を要請《ようせい》した国連事務総長《じむそうちょう》

ペルー出身の外交官、政治家《せいじか》で、第五代国際連合事務総長《こくさいれんごうじむそうちょう》。

国連事務総長《じむそうちょう》だったときに、貞《さだ》子《こ》に第八代国連難民《なんみん》高等弁務官《べんむかん》への就任《しゅうにん》を要請《ようせい》しました。

また彼《かれ》は、一九八二年八月に日本を訪《おとず》れたとき、原爆《げんばく》の被災地《ひさいち》であった広島《ひろしま》から全世界へ核軍縮《かくぐんしゅく》を訴《うった》えました。

緒《お》方《がた》貞《さだ》子《こ》 関連地図

緒《お》方《がた》貞《さだ》子《こ》に関係したおもな場所を地図で見てみましょう。

⓬アフガニスタン

ソ連《れん》のアフガニスタン侵攻《しんこう》と、その後《ご》のタリバン政権《せいけん》下で発生したアフガン難民《なんみん》を視察《しさつ》するために、2002 年、パキスタン、アフガニスタン、イランを訪問《ほうもん》した。

❶ニューヨーク
（アメリカ合衆国《がっしゅうこく》）

国際連合《こくさいれんごう》の本部があり、1968 年に日本の代表団《だいひょうだん》の一人として国連総会《そうかい》に出席した。1976 年には、日本初の女性《じょせい》国連公使としても参加。

2011 年 9 月 11 日には、滞在《たいざい》中のオフィスでアメリカ同時多発テロを目撃《もくげき》した。

❷タイ
❸ベトナム

1979 年、UNICEF《ユニセフ》の日本代表として現地《げんち》の貧困《ひんこん》の状況《じょうきょう》を視察《しさつ》した。

❹カンボジア

1979 年、カンボジア難《なん》民《みん》救《きゅう》済《さい》実《じつ》情《じょう》使《し》察《さつ》団《だん》の団《だん》長《ちょう》として、タイ国境《こっきょう》付近の難民《なんみん》キャンプを視察《しさつ》。日本からの救援物資《きゅうえんぶっし》を届《とど》けた。

❺ミャンマー

1990 年、国連の人権《じんけん》委員会特別報告者《ほうこくしゃ》として、ミャンマーでの人《じん》権《けん》侵《しん》害《がい》を調査《ちょうさ》するために訪問《ほうもん》した。

❻ジュネーヴ（スイス）

国連難民《なんみん》高等弁務官事務所《べんむかんじむしょ》（UNHCR《ユーエヌエイチシーアール》）があるところ。

1991年2月に第8代国連難民《なんみん》高等弁務官《べんむかん》に就任《しゅうにん》し、およそ10年間働いた。

❿サライェヴォ（ボスニア・ヘルツェゴヴィナ）

1992年7月、ボスニア紛《ふん》争《そう》によって武装勢力《ぶそうせいりょく》に包囲《ほうい》された首都サライェヴォを視察《しさつ》。戦闘《せんとう》下の危険《きけん》をおかし、防弾《ぼうだん》チョッキを着た姿を見せ、世界の人びとに支援《しえん》を訴《うった》えた。

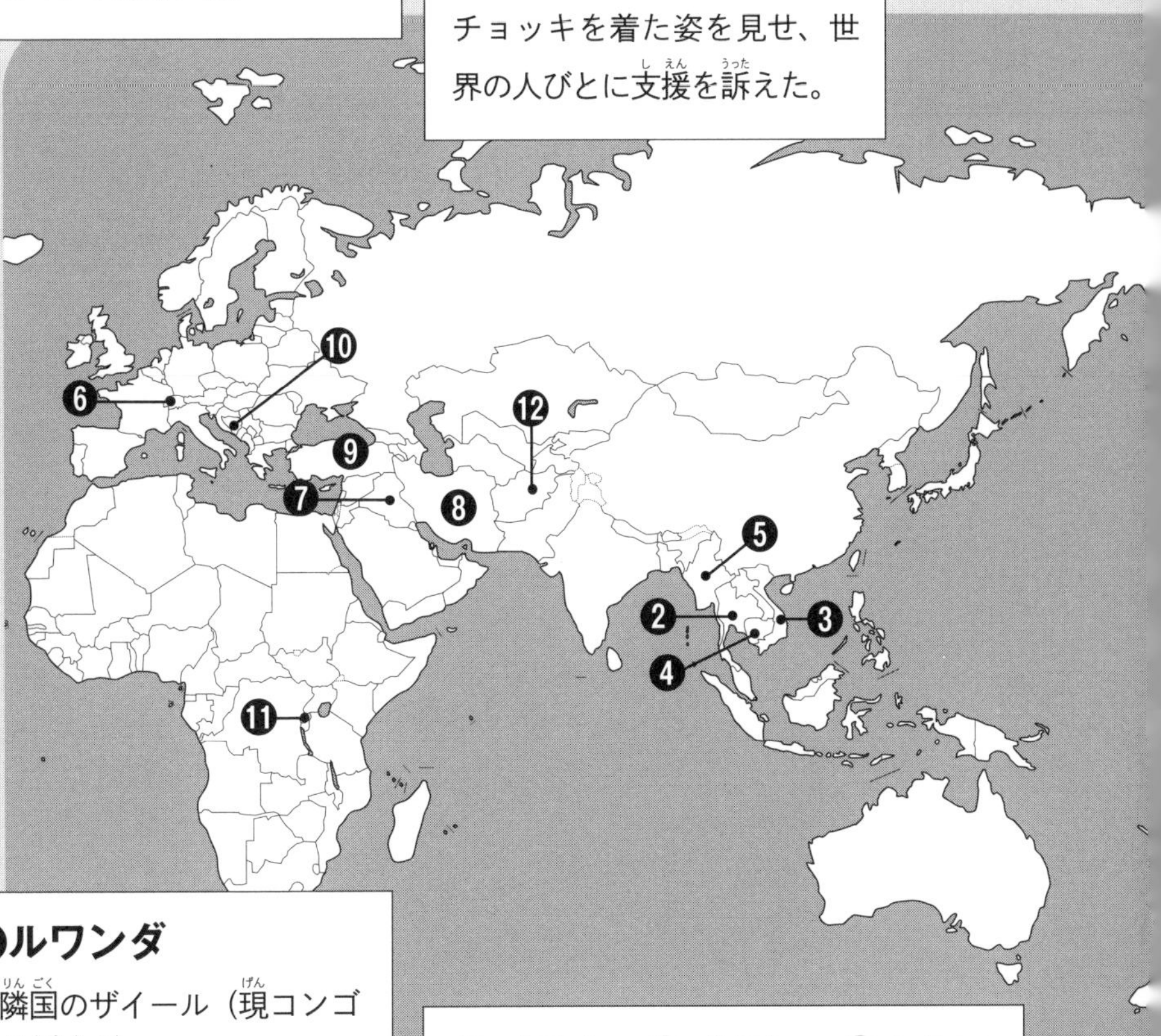

⓫ルワンダ

隣国《りんごく》のザイール（現《げん》コンゴ民主共和国《みんしゅきょうわこく》）、ウガンダ、ブルンジを巻きこんだ紛争《ふんそう》で発生したルワンダ難民救済《なんみんきゅうさい》のため、1994年からたびたび訪《ほう》問《もん》した。

❼イラク　❽イラン　❾トルコ

1991年、イラクからイラン、トルコ方面へ逃《のが》れたクルド難民《なんみん》のキャンプを視《し》察《さつ》。また、難民保護《なんみんほご》の対象を初めて国内避難民《ひなんみん》にも広げた。

※2023年現在《げんざい》の地図。

緒《お》方《がた》貞《さだ》子《こ》 年表

緒方貞子《おがたさだこ》の生涯《しょうがい》をたどってみましょう。

西暦《せいれき》	年齢《ねんれい》	緒方貞子《おがたさだこ》のできごと
1927年		9月16日、現在《げんざい》の東京都港区西麻布《とうきょうとみなとくにしあざぶ》に生まれる（旧姓中村《きゅうせいなかむら》）。
1930年	2歳《さい》	外交官だった父の転勤《てんきん》でアメリカのサンフランシスコに引《ひ》っ越《こ》す。その後もアメリカや中国《ちゅうごく》を転々とする。
1939年	11歳《さい》	日本にもどり、聖心《せいしん》女子学院小学校の五年生となる。
1945年	17歳《さい》	聖心《せいしん》女子学院高等女学校を卒業。
1946年	18歳《さい》	聖心《せいしん》女子学院専門《せんもん》学校（1948年、聖心《せいしん》女子大学となり、一期生となる）に入学し、英文学を学ぶ。
1951年	23歳《さい》	聖心《せいしん》女子大学を卒業。アメリカに留学《りゅうがく》。
1957年	29歳《さい》	二度目のアメリカ留学《りゅうがく》の際《さい》、議員の通訳《つうやく》と案内役を担当《たんとう》。
1960年	33歳《さい》	緒方四十郎《おがたしじゅうろう》と結婚《けっこん》し、大阪《おおさか》で暮《く》らす。
1962年	34歳《さい》	長男誕生《たんじょう》。夫の転勤《てんきん》でイギリスのロンドンに移住。
1963年	36歳《さい》	政治《せいじ》学の博士号《はかせごう》を取得《しゅとく》。

社会のできごと	
1937年	日中《にっちゅう》戦争が始まる。
1939年	第二次世界大戦《だいにじせかいたいせん》が始まる。
1945年	日本が無条件降伏《こうふく》し、太平洋《たいへいよう》戦争が終わる。
1951年	サンフランシスコ平和条約《じょうやく》調印。
1956年	日本が国際《こくさい》連合に加盟《かめい》。

1965年	38歳《さい》	国際《こくさい》基督教《キリストきょう》大学非常勤講師《ひじょうきんこうし》となる。
1968年	41歳《さい》	国会議員の市川房枝《いちかわふさえ》に依頼《いらい》され、アメリカ・ニューヨークの国連総会《そうかい》第三委員会に参加。
1976年	48歳《さい》	日本で初めて女性《じょせい》の日本政府《せいふ》代表部公使となる。
1979年	52歳《さい》	日本政府《せいふ》の視察団《しさつだん》の団長《だんちょう》としてカンボジア難民《なんみん》を視察《しさつ》。
1991年	63歳《さい》	国連総会で第八代国連難民《なんみん》高等弁務官《べんむかん》に就任《しゅうにん》。
	63歳《さい》	イラクで発生したクルド難民《なんみん》を視察《しさつ》。
1993年	65歳《さい》	ユーゴスラヴィアの紛争《ふんそう》で、救援《きゅうえん》活動の妨害《ぼうがい》に対して、サライェヴォでの物資《ぶっし》輸送《ゆそう》の一時停止《ていし》を決断《けつだん》。
1994年	66歳《さい》	ルワンダ難民《なんみん》を視察《しさつ》するため、ルワンダ、ザイール（現《げん》コンゴ民主共和国《みんしゅきょうわこく》）を訪問《ほうもん》。
2000年	73歳《さい》	国連難民《なんみん》高等弁務官退任《べんむかんたいにん》。
2001年	73歳《さい》	ニューヨークで、アメリカ同時多発テロを目撃《もくげき》。
2002年	74歳《さい》	日本政府《せいふ》の代表団《だいひょうだん》を率《ひき》いて、パキスタン、アフガニスタン、イランを訪問《ほうもん》。
2003年	76歳《さい》	国際協力機構《こくさいきょうりょくきこう》（JICA《ジャイカ》）理事長に就任《しゅうにん》（～2012年）。
2019年	92歳《さい》	10月22日死去。

1965年	ベトナム戦争にアメリカ軍が本格的《ほんかくてき》に参戦。
1979年	ソ連《れん》がアフガニスタンに侵攻《しんこう》。
1991年	中東《ちゅうとう》で湾岸《わんがん》戦争が起《お》こる。ソ連解体《れんかいたい》。
1992年	ユーゴスラヴィアでボスニア紛争《ふんそう》が起《お》こる。
1994年	アフリカ東部の内戦で大量の難民《なんみん》が発生。
2001年	テロを起《お》こしたとして、米軍がアフガニスタンのタリバン政権《せいけん》を攻撃《こうげき》。
2003年	イラク戦争が起《お》こる。

NDC 289

文／たけたに ちほみ

新伝記

平和をもたらした人びと 7巻

緒方貞子

Gakken 2024　144P　21cm

ISBN 978-4-05-501413-7　C8323

新伝記　平和をもたらした人びと　7巻

緒方貞子

2024年3月12日　第1刷発行

発行人／土屋　徹

編集人／芳賀靖彦

編集担当／寺澤　郁　渡辺雅典

発行所／株式会社Gakken

〒141-8416　東京都品川区西五反田2-11-8

印刷所／TOPPAN株式会社

製本所／株式会社難波製本

資料・写真協力／JICA（国際協力機構）

装丁・本文デザイン／荒井桂子（@ARAI DESIGN ROOM）

イラスト／大塚洋一郎

構成・編集協力／松本義弘（オフィス・イディオム）

表紙、扉、もくじ写真／©UNHCR/E.Brissaud

校閲・校正／岩崎美穂　鈴木一馬　入澤宣幸

この本に関する各種お問い合わせ先

・本の内容については、下記サイトのお問い合わせフォームよりお願いします。
https://www.corp-gakken.co.jp/contact/

・在庫については、Tel 03-6431-1197（販売部）

・不良品（落丁、乱丁）については、
Tel 0570-000577 学研業務センター
〒354-0045 埼玉県入間郡三芳町上富279-1

・上記以外のお問い合わせは、
Tel 0570-056-710（学研グループ総合案内）

学研グループの書籍・雑誌についての新刊情報・詳細情報は、下記をご覧ください。
・学研出版サイト　https://hon.gakken.jp/
・学研の調べ学習お役立ちネット　図書館行こ！
https://go-toshokan.gakken.jp/

緒方貞子　難民と途上国支援に尽くした人生

●参考文献
『紛争と難民　緒方貞子の回想』　緒方貞子 著（集英社）
『満州事変　政策の形成過程』　緒方貞子 著（岩波書店）
『緒方貞子―難民支援の現場から』　取材・構成　東野真（集英社）
『聞き書　緒方貞子回顧録』　緒方貞子 述　野林健・納家政嗣 編（岩波書店）
『私の仕事　国連難民高等弁務官の 10 年と平和の構築』緒方貞子 著（朝日新聞出版）
『難民つくらぬ世界へ　（岩波ブックレット　NO.　393）』緒方貞子 著 (岩波書店）
『美しい日本人』文藝春秋 編（文藝春秋)
『世界を変えた１０人の女性　お茶の水女子大学特別講義』池上彰 著（文藝春秋）
『ユーゴスラヴィア現代史　新版』柴宜弘 著（岩波書店）
『人間の安全保障』アマルティア・セン 著　東郷えりか 訳（集英社）
『パール判事の日本無罪論』田中正明 著（小学館）
『遙かなる昭和　父・緒方竹虎と私』緒方四十郎 著（朝日新聞社）
『浴衣カウボーイ』緒方篤 著（游学社）
『共に生きるということ　be humane』緒方貞子 著（PHP 研究所）
『難民に希望の光を　真の国際人緒方貞子の生き方』　中村恵 著（平凡社）
『緒方貞子　戦争が終わらないこの世界で』小山靖史 著（NHK 出版）
『国連からの視点　《国際社会と日本》を考える』緒方貞子 著（朝日イブニングニュース社）
『波乱に満ちておもしろい！　ストーリーで楽しむ伝記 (10)　緒方貞子』
小手鞠るい 著　佐竹美保 絵（岩崎書店）
『市川房枝、そこから続く「長い列」』野村浩子 著（亜紀書房）
『このくにの行方　対論・筑紫哲也』筑紫哲也ほか 著（集英社）
『時代に挑戦した女たち』上坂冬子 著（文藝春秋）
『国連で学んだ修羅場のリーダーシップ』忍足謙朗 著（文藝春秋）
『私の仕事　国連難民高等弁務官の十年と平和の構築』緒方貞子 著（草思社）
『世界を救う７人の日本人』池上彰 編・著（朝日新聞出版）

●テレビ番組
NHK Eテレ　『先人たちの底力　知恵泉　緒方貞子』　2023 ／ 9 ／ 12、19　放映
NHK 総合　アナザーストーリーズ『小さな巨人 緒方貞子～命をつなぐ現場主義～』
2023 ／ 10 ／ 6　放映

●Webサイト
警察庁Webサイト
JICA-国際協力機構